Welche Weltordnung?

SOZIALWISSENSCHAFTLICHE STUDIEN
DES SCHWEIZERISCHEN INSTITUTS FÜR
AUSLANDFORSCHUNG
BAND 33 (NEUE FOLGE)

BEGRÜNDET VON
PROF. DR. DR. h.c. FRIEDRICH A. LUTZ (†)

HERAUSGEBER:
Bis Band 17: PROF. DR. DANIEL FREI (†)
Band 18 bis 22: PROF. DR. WILLY LINDER (†)
ab Band 23: PROF. DR. DIETER RULOFF

www.siaf.ch

2005
VERLAG RÜEGGER

Schweizerisches
Institut für
Auslandforschung

Welche Weltordnung?

Herausgeber: Dieter Ruloff

Beiträge von: Christoph Bertram
Bruno S. Frey
Otfried Höffe
Jakob Kellenberger
Urs W. Schoettli
George P. Shultz

Verlag Rüegger

Bibliografische Information der Deutschen Bibliothek
Die Deutsche Bibliothek verzeichnet diese Publikation in der Deutschen Nationalbibliografie; detaillierte bibliografische Daten sind im Internet über http://dnb.ddb.de abrufbar.

www.rueggerverlag.ch
info@rueggerverlag.ch
ISBN 3-7253-0770-9
ISSN 0514-8197
Foto Umschlag: Antony Edwards / Getty Images
Druck: Südostschweiz Print AG, Chur

Vorwort

Eine Ordnung ist das geregelte Zusammenspiel von Elementen, die teilweise oder ganz voneinander unabhängig sind (nach Brockhaus). Eine Weltordnung betrifft in analoger Weise das «geregelte Zusammenspiel» der Staaten dieser Welt und anderer globaler Akteure, obschon sie teilweise oder ganz voneinander unabhängig sind. Tatsächlich kennt die Geschichte eine Fülle von Anläufen, politische Ordnungen dieser Art zu etablieren: Der Westfälische Friede 1648, der Wiener Kongress 1815, die 14 Punkte des Präsidenten Wilson und der Völkerbund nach dem Ersten Weltkrieg, das UNO-System nach dem Zweiten Weltkrieg. Faktisch entstand jedoch in den Jahren des Kalten Krieges danach die rigide Struktur einer bipolaren Supermacht-Rivalität, eine eigentliche Zwangsordnung, die der Welt mit Recht kaum gefiel, aber eine doch beträchtliche Periode des (streckenweise prekären) Friedens schenkte. Nach dem Ende des Kalten Krieges mit dem Fall der Mauer 1989 und dem Ende der Sowjetunion 1991 zerbrach diese Ordnung. Was ist an ihre Stelle getreten? Verdienen es die neuen Strukturen überhaupt, als Ordnung bezeichnet zu werden? Wohin geht die Entwicklung? Was dürfen wir erwarten, was sollten wir fordern?

Mit diesen Fragen befassten sich verschiedene Vorträge des Instituts für Auslandforschung im Sommer 2003 sowie im Winterzyklus 2003/04 und wiederum im Sommer 2004. Die interessantesten dieser Vorträge enthält der vorliegende Band. Er wird mit einem Blick auf die Weltordnungs-Problematik durch den Unterzeichneten eingeleitet, der als Delegierten des Instituts die Vortragsreihen organisieren durfte. Hierbei werden die wichtigsten Entwicklungslinien des Kalten Krieges nachgezeichnet und die Herausforderungen der vor uns liegenden Zeit skizziert. Der Tübinger Philosoph Otfried Höffe schliesslich entwickelt seine eigene Vision einer Weltrepublik (und lehnt die Idee des Weltstaates konsequent ab). CHRISTOPH BERTRAM, der Direktor der aussenpolitischen «Denkfabrik» der deutschen Bundesregierung, richtet den Blick auf den unilateralen Spielraum der letzten verbliebenen Supermacht, der USA: Ist ein US-Frieden *(pax americana)* möglich und wünschbar? Seine eigene Vision einer Weltordnung jenseits der Staatenwelt entwirft der Ökonom BRUNO S. FREY von der Universität Zürich; statt des Nebeneinanders der Staaten verlangt FREY funktionale, überlappende und im Wettbewerb miteinander stehende Körperschaften (FOCJ, *functional overlapping competing jurisdictions*), die dem Bürger die besten Leistungen für sein Geld und die Wahl zwischen ihnen ermöglichen sollten. Der China-Korrespondent der Neuen Zürcher Zeitung, URS SCHÖTTLI, analysiert die amerikanische Politik auf ihre imperialen Züge hin und fragt nach der Bedeutung der Irak-Besetzung für die internationale Politik. Wichtiger in einer Welt zunehmender Gewalt wird die Rolle des Internationalen Komitees vom Roten Kreuz IKRK, dessen Präsident JAKOB KELLENBERGER in seinem Vortrag in Zürich vehement auf der Einhaltung der Genfer Konventionen auch im Kampf gegen den Terrorismus beharrte. Den Abschluss des Bandes bildet der Vortrag des vormaligen amerikanischen Aussenministers GEORGE P. SHULTZ, der zur Wendezeit von 1982–89 im Amt war und massgeblich das glimpfliche Ende des Kalten Krieges mit herbeigeführt hat. SHULTZ blickt in seinem Beitrag von vorne: Die Welt ändert sich rasant, und interessanterweise stehen für den konservativen Republikaner SHULTZ nicht Fragen des Umgangs mit dem Terrorismus im Mittelpunkt, sondern Wirtschaftsfragen, Demographie und die Energieversorgung der Industriestaaten. In der Tat: Dies sind wohl die bedeutsamen Zukunftsfragen, mit denen wir es zu tun haben werden.

Das Institut dankt allen Referenten für ihr Engagement und dem wiederum in sehr grosser Zahl erschienen Publikum für sein Interesse an unserem Zyklus. Danken möchten wir der Universität Zürich, die dem Institut bereits seit Jahrzehnten Gastrecht bei seinen Vorträgen gewährt und unsere Referenten empfängt. Den Sponsoren des Instituts danken wir für ihre andauernde Unterstützung, die unsere Arbeit erst möglich macht. Das Textmaterial wurde von Max Mader redigiert und von Ernst Leuenberger vom Rüegger-Verlag in Buchform gebracht. Auch ihnen sei an dieser Stelle Dank ausgesprochen.

Zürich, im Februar 2005

Prof. Dr. Dieter Ruloff
Delegierter des Instituts

Inhalt

Dieter Ruloff

Welche Weltordnung? Eine Einführung

Das internationale System befindet sich in vollem Umbruch. Es scheint, als ob alle bedeutsamen historischen Langzeitbewegungen mit der sog. Wende in Mittel- und Osteuropa 1989–91 ihren Abschluss fanden[1] und nun vollkommen neue Entwicklungen ihren Anfang nehmen. Die Versuchung liegt nahe, diese Ereignisse und ihre Kulmination im Fall der Mauer am 9. November mit jenen von 1789 zu vergleichen. Zahlenmystiker haben ihre Freude an dieser Koinzidenz. Sicher ist in jedem Falle: Das Ende der Teilung der Welt in Ost und West hat die Welt massiv verändert. Ein Umbruch, ja eine Revolution sondergleichen hat vor 1½ Jahrzehnten in Europa stattgefunden. Eric Hobsbawm hat vom 20. Jahrhundert als dem «kurzen» Jahrhundert gesprochen. Es reicht von 1918, dem Ende des Ersten Weltkriegs, bis zum Fall der Mauer am 9. November 1989 und war von grossen ideologischen Konflikten und Kriegen geprägt. Der zweite Teil dieses «kurzen» Jahrhunderts hatte sicht- und spürbar eine Ordnung, nämlich die Ordnung des Kalten Krieges. Die heutige Welt ist anders als die des Kalten Krieges. Aber wie sieht sie aus? Darf man überhaupt von einer neuen Ordnung sprechen? Wohin führt der Weg?

Wir nähern uns der Frage in *sechs Teilen.* Zunächst folgt ein Blick auf den Kalten Krieg, seine innere Logik und das Ende der Sowjetunion (1). Danach wird auf jene grossen Trends internationaler Politik verwiesen, die seit dem Ende des zweiten Weltkriegs die Welt des Kalten Krieges veränderten, auch wenn die ost-

1 Dan Diner, Weltordnungen, Über Geschichte und Wirkung von Recht und Macht. Frankfurt: Fischer 1993, S. 221

westliche Rivalität alle diese Entwicklungen in den Hintergrund drängte (2). In einem dritten Teil wird schliesslich argumentiert, dass dieser Wandel erst voll durchschlagen konnte, nachdem der Supermacht-Antagonismus von USA und UdSSR ein Ende gefunden hatte (3). Die Welt nach dem Ende des Kalten Krieges schliesslich zeigt neue Strukturen, und zwar jene einer Teilung in zwei «Lager», die nach vollkommen unterschiedlichen Regeln funktionieren (4): Ordnung im einen Lager, Unordnung im anderen. Dank ihrer überragenden Macht sind die USA der einzige Akteur, der massgeblich in beiden Welten politische Strukturen zu schaffen vermag (5), aber dabei auch an Grenzen stösst. Ein Fazit (6) kommt zu dem Schluss, dass man vorerst von einer neuen Weltordnung nicht sprechen kann: Ordnung verlangt einen «zweckmässig geregelten Zusammenhang» zwischen allen Elementen des internationalen Systems, vor allem den Staaten; vorerst gibt es diesen nicht.

1 Ende des Kalten Krieges und Untergang der Sowjetunion

Fragen nach der Ordnung des internationalen Systems in der heutigen Zeit des Umbruchs setzen natürlich Phantasien frei, bei Politikern und Theoretikern. Alle grossen Umbrüche der letzten 200 Jahre sind von den politisch Verantwortlichen als Ansporn begriffen worden, Reformen des internationalen Systems zu propagieren. Das war 1648 zu Ende des Dreissigjährigen Krieges so, 1815 zu Zeiten des Wiener Kongress, 1918 nach dem Ende des Ersten Weltkriegs, 1945 nach dem Ende des Zweiten Weltkriegs und auch nach dem Ende des Kalten Krieges 1989. Was der erste Präsident BUSH am 11. September 1990 in einer Rede vor beiden Häusern des amerikanischen Kongress als «Neue Weltordnung» propagierte, unterschied sich im Geist kaum von den Vorstellungen seiner Vorgänger WILSON 1919, ROOSEVELT und TRUMAN 1944/45: Eine Weltorganisation als eine Art Völkerparlament zur friedlichen Diskussion aller Konflikte und kollektive Sicherheit für alle durch ein System des gemeinsamen, wenn nötig militärisches Vorgehens gegen jede Aggression. Die Allianz gegen SADDAM HUSSEIN schien eine späte Bewährung dieses in Kapitel VI und VII der UNO-Charta begründeten Systems kollektiver Sicherheit: Ein ausdrücklicher Auftrag des Sicherheitsrates, gegen SADDAM wenn nötig auch militärisch vorzugehen, und die damals (noch existierende) Sowjetunion *mit* im Boote, nachdem sie beim ersten Ernstfall für das UNO-System kollektiver Sicherheit, dem Koreakrieg, noch abseits gestanden hatte und später im Sicherheitsrat Blockade betrieb.

Ein Blick auf die Koreakrise vom Juni 1950 verdeutlicht den Kontrast: Nachdem nordkoreanische Armeen am 25. Juni 1950 den 38. Breitengrad überschritten hatten, trat der Sicherheitsrat sofort zusammen. Seine Resolution Nr. 82 verurteilte die Aggression, forderte ein Ende der Kampfhandlungen, den Rückzug der nordkoreanischen Streitkräfte und rief alle UNO-Mitglieder dazu auf, dabei zu helfen. Die USA interpretierten dies bereits als Mandat zur Intervention, erhielten mit Resolution Nr. 83 des Sicherheitsrats vom 27. Juni 1950 tatsächlich ein ausdrückliches Mandat, militärisch gegen Nordkorea vorzugehen. Die Sowjetunion boykottierte damals den Sicherheitsrat der UNO, weil man die Übergabe des chinesischen Sicherheitsrats-Sitzes von der *Republic of China* (Taiwan) an die Volksrepublik China erzwingen wollte, und konnte deshalb die Resolutionen 82 und 83 nicht verhindern. Danach nahm die Sowjetunion ihren Sitz wieder ein und verhinderte fortan bereits im Keime jeden Versuch des Sicherheitsrates, in den grossen Krisen des Kalten Krieges eine bedeutsame Rolle zu spielen (ebenso wie die USA, die dann mit ihrem Veto zur Blockade des Sicherheitsrates schritten, wenn eigene Verbündete hätten an den Pranger gestellt werden sollen).

Die Welt des Kalten Krieges war wohl einfacher als jene, die jetzt im Entstehen ist. Wer sich aber angesichts dieser doch sehr unübersichtlichen neuen Welt nach jener alten des Kalten Krieges zurücksehnt, wie es JOHN MEARSHEIMER prophezeite[2], besitzt ein allzu kurzes Gedächtnis. Eine gewisse Stabilität konnte man dem System des Kalten Kriegs nicht absprechen; es war in der Tat eine längere Zeit des Friedens, wie JOHN LEWIS GADDIS sie genannt hat[3]. Aber es war eine Zeit des negativen Friedens, eine prekäre Ruhe. Das Gleichgewicht des Schreckens war ein sehr labiles. Mit den angehäuften nuklearen *Overkill*-Kapazitäten hätten sich beide Lager gleich mehrmals nacheinander vernichten können. Tatsächlich ist der Supermachtkonflikt mehrfach bis an die Schwelle des Krieges eskaliert, etwa in der Kubakrise 1962.

Der Streit um die Nachrüstung und um den NATO-Doppelbeschluss von 1979, der Umbruch im Osten Europas 1989–1991 und die Wirren um das Ende der Sowjetunion waren die letzten gefährlichen Episoden in den Ost-West-Beziehungen. Sie trafen die Politikwissenschaft vollkommen unvorbereitet. Kaum ein Experte hatte auf ein relativ friedliches Ende der kommunistischen Regimes Mittel- und Osteuropas zu hoffen gewagt, kaum jemand der alten Sowjetunion grosse Entwicklungschancen eingeräumt. Viele verfolgten das Reformexperiment GORBATSCHOWS mit Sympathie, andere auch mit Skepsis. Ein Aphorismus aus der Zeit der NATO-Nachrüstung von MAX SINGER aus dem Jahre 1983 brachte die Erwartungen der Politikwissenschaft zur Zukunft der Sowjetunion auf den Punkt[4]: «*In brief, one reasonable way to look at the Soviet prospect is as a race between internal collapse and external victory. Either one can happen and the one that comes first may prevent the other*»[5]. Das abrupte Ende der sozialistischen Welt «*not with a bang, but with a whimper*»[5], als

2 JOHN J. MEARSHEIMER, Why We Will Soon Miss the Cold War, in: The Atlantic Monthly, 1990, Nr. 2, 35–50.

3 JOHN LEWIS GADDIS, The Long Peace: Inquiries into the History of the Cold War. New York: Oxford University Press 1989.

4 MAX SINGER, «Dynamic Containment.» In: AARON WILDAVSKY (Hg.), Beyond Containment: Alternative American Policies toward the Soviet Union. San Francisco: Institute for Contemporary Studies 1983, S. 169–200, Zitat von S. 175.

5 T. S. ELIOT, The Hollow Men: «This is the way the world ends ...»

Implosion und nicht als Explosion wie befürchtet, traf die meisten Beobachter dann vollkommen überraschend. Rückblickend muss man nochmals eingestehen: Die Welt hatte Glück, es hätte auch anders kommen können. Die Charta von Paris, die 1990 auf dem Gipfeltreffen der Konferenz für Sicherheit und Zusammenarbeit in Europa (KSZE), dem Vorläufer der OSZE, verabschiedet wurde, erklärte den Kalten Krieg für beendet, und die Welt konnte aufatmen.

2 Wandel in den internationalen Beziehungen seit Ende des Zweiten Weltkriegs

Nach dem Ende des Kalten Krieges und dem Untergang der Sowjetunion setzte der Wandel nun voll ein und dauert immer noch an; es wird vermutlich eine geraume Zeit vergehen, bis neue stabile Strukturen entstanden sind. Ob sie die Bezeichnung «Neue Weltordnung» verdienten, muss heute bereits bezweifelt werden. Aber dem Fazit dieser Sichtung der Lage soll nicht vorgegriffen werden. Zunächst ist noch darauf zu verweisen, dass die Welt des Kalten Krieges selbst keine *longue durée* war, auch wenn das das Konzept des *long peace* bei GADDIS dies vermuten lassen könnte. Man spricht von Nachkriegszeit und meint 1945 bis 1989, als ob alle Randbedingungen internationaler Politik in dieser Zeit fix geblieben wären. Das Gegenteil ist vielmehr richtig: Der Kalte Krieg selbst war eine Zeit des rasanten Wandels. *Vier Trends* lassen sich hier unterscheiden:

Erstens ist auf die wachsende *Komplexität* der internationalen Beziehungen hinzuweisen, sichtbar vor allem an der Zahl und der Vielfalt der Akteure der internationalen Szene. 1945 wurde die UNO von 51 Staaten gegründet; heute hat die Weltorganisation 191 Mitglieder. Neue Akteure wurden wichtig: Nichtregierungsorganisationen (NGOs), Wirtschaftsunternehmen, von denen viele an reiner Wirtschaftskraft jene von mittleren Staaten weit übertreffen, und internationale staatliche Organisationen (IGOs). Schliesslich wurden auch Einzelpersonen als Akteure der internationalen Politik zunehmend bedeutsam. Das Spektrum reicht hier vom Touristen bis zum Terroristen, wie JAMES ROSENAU[6] einmal festgestellt hat. Wenn Einzelne in spektakulärer Weise die internationale Gemeinschaft herauszufordern vermögen, wie dies die Top-Terroristen von damals bereits taten (z.B. der Venezolaner ILJITSCH RAMIREZ SANCHEZ alias CARLOS, der im Dezember 1975 die Wiener OPEC-Konferenz überfiel und Geiseln nahm); oder wenn individuelles Handeln als Mikromassenereignis internationale Folgen zeitigt (wie bei der Migration), dann ist auch der Einzelne Akteur der internationalen Politik. Diese wird damit schwieriger, weil sich viele Fragen nicht mehr durch klassische Diplomatie von Staat zu Staat lösen lassen.

Ein gutes Beispiel, wie bereits in den Zeiten des Kalten Krieges dem Staat die Kontrolle über wichtige Bereiche der Politik entglitten war, stellt wohl die Entstehung des sog. Eurodollar-Marktes dar: Als Antwort auf den Oktoberkrieg 1973 (dessen Eskalation zur Supermacht-Konfrontation noch knapp vermieden wurde) griffen die arabischen Staaten zur Ölwaffe. Folge war eine «Schwemme» von Petrodollars, die von den Geschäftsbanken wieder in den Wirtschaftskreislauf zurückgepumpt werden mussten. Es entstand ein kaum kontrollierbarer *offshore*-Markt an Devisen (das meiste in US-Dollar), auf dem z.B. die Tochterunternehmen amerikanischer Banken mit US-Dollars umgehen konnten, als ob es sich um Fremdwährung handelte, also unkontrolliert vom Federal Reserve.

Der *zweite* Trend ist die fortschreitende *Globalisierung,* die bereits vor dem Ende des Kalten Krieges einsetzte, aber natürlich in den 1990er-Jahren dann rasant an Tempo gewinnen konnte.

---

6 JAMES N. ROSENAU, «The Terrorist and the Tourist: Two Extremes on the Same Transnational Continuum», Paper presented at the Annual Meeting of the International Studies Association, Washington D. C., February 22, 1978.

Globalisierung meinte zunächst die abnehmende Bedeutung von Grenzen und Distanzen für weltumspannende Wirtschaftsbeziehungen als Folge der technologischen Revolution bei Transport, Telekommunikation und Datenverarbeitung. Die Wirtschaft der Welt ist nicht mehr *National*ökonomie, sondern wird zunehmend zu einer internationalen weltumfassenden Struktur. Distanzen spielen eine zunehmend geringere Rolle. Etwas voreilig ist vom Ende der Geographie die Rede[7]. Die Segnungen der Globalisierung sind inzwischen kassiert, kaum jemand verliert ein Wort darüber. Ins Blickfeld gerückt ist ihre unangenehme Kehrseite, vor allem der stark gewachsene *Zwang zur Anpassung*. Wer zu spät kommt, den bestraft heute der Markt, um das GORBATSCHOW-Wort der Wendezeit auf die Gegenwart hin zu aktualisieren: Er wird überflüssig und verschwindet, wenn nicht real, so doch virtuell, d.h. von der Bildfläche jener PCs und Mobiltelefone, die heute ganz offenbar die Welt bedeuten. Die Globalisierung ist inzwischen jedoch aus der Wirtschaft in andere Bereiche hinübergeschwappt. Globalisiert ist zunehmend auch die Politik: Lokale und regionale Entwicklungen und Ereignisse beeinflussen mit immer kürzeren Vorwarnzeiten alle Akteure des internationalen Systems. Betroffen von diesem Trend ist *last but not least* – mit dem Phänomen des internationalen Terrorismus – auch der Bereich der Sicherheit. In Politik, Sozialem, Ökologie muss ähnliches festgestellt werden: Lokale Lösungen greifen nicht mehr, globale Lösungen müssen her.

Der *dritte* bedeutsame Trend der Nachkriegszeit ist die wachsende *wechselseitige Abhängigkeit* aller Akteure, wesentlich auch als Folge der Globalisierung: Eine zunehmende horizontale und vertikale Verknüpfung zwischen den Akteuren der internationalen Szene und zwischen allen Bereichen von Gesellschaft, Wirtschaft und Politik im Sinne einer Abhängigkeit auf Gegenseitigkeit ist

7 FRANCES CAIRNCROSS. The Death of Distance. How the Communications Revolution will Change our Lives. Cambridge, Mass.: Harvard Business School Press 1997.

festzustellen. Aussen- wird von Innenpolitik nur noch schwer trennbar. Die Politikwissenschaft spricht hier traditionellerweise von komplexer Interdependenz.[8] Symptome komplexer Interdependenz sind wachsende Empfindlichkeit aller Akteure und vielfach auch wachsende Verwundbarkeit. Die für die Weltpolitik *gute Nachricht* ist wohl die, dass sich in komplex interdependenten Strukturen der Einsatz militärischer Gewalt tendenziell nicht lohnt, weil er Schäden bei allen erzeugt. Im schlanken Ruderboot zu raufen statt zu rudern, ist für alle Beteiligten gefährlich. Die *schlechte Nachricht* ist, dass sich dies trotz unermüdlichen Bemühungen der Politiker und der Politikwissenschaft unter den Verantwortlichen vielfach immer noch nicht herumgesprochen hat. Allerdings wurden bedeutsame Fortschritte gemacht, etwa mit der Aufnahme Chinas in die Welthandelsorganisation WTO, womit eine bedeutsame Militärmacht Ostasiens signalisiert, dass erst das Geschäft kommt und dann andere, z.B. ideologische Probleme. Die Führung der VR China wird sich m.a.W. genau überlegen, ob sie die Wohlfahrt des Riesenlandes, die zunehmend auf dem Export basiert, militärischer Abenteuer wegen aufs Spiel setzen wird.

Es hat schliesslich *viertens* eine Diffusion wirtschaftlicher und militärischer Macht weit herum in der Welt stattgefunden. Der vermeintliche Abstieg der USA, der eine Zeit lang die Gemüter bewegte – Stichwort imperiale Überdehnung – hat natürlich nicht stattgefunden,[9] die USA sind militärisch mächtiger denn je. Sie wissen dies und handeln entsprechend – davon weiter unten mehr. Aber es hat ein Aufschliessen neuer Mächte in den verschiedensten Dimensionen gegeben, der wirtschaftlichen, der militärischen, der wissenschaftlichen: An Europa wäre hier zu

8 ROBERT O. KEOHANE UND JOSEPH S. NYE, Power and Interdependence. Boston: Little, Brown 1977; dies. «Power and Interdependence in the Information Age», in: Foreign Affairs 77 (5, 1998), S. 81–94.

9 PAUL KENNEDY, The Rise and Fall of the Great Powers. Economic Change and Military Conflict from 1500 to 2000. New York: Random House 1987.

denken, an Japan und die grossen volkreichen Staaten Asiens, an die industriellen Schwellenmächte, an die erfolgreichen Bemühungen um die Entwicklung eigener Nuklearwaffen in verschiedenen Teilen der Welt, an den neuen Ölreichtum usw. Die Machtverteilung in der Welt ist weiterhin extrem ungleich, aber die Distanz zu den USA und der ehemaligen Sowjetunion wurde in einigen Fällen doch sehr viel kleiner. China wird als kommende Supermacht gehandelt, Indien schliesst rasch auf. Wenn man die aktuellen Wachstumsraten linear weiterführt, dann wird die Welt in zwanzig oder dreissig Jahren komplett anders aussehen. In jedem Falle haben inzwischen eine Anzahl neuer Akteure viel Macht und Selbstbewusstsein; mit ihnen ist zu rechnen.

3 Die Disziplinierung einer komplexen Welt: Verregelung internationaler Beziehungen und Gleichgewicht des Schreckens

Zusammenfassend kann also Folgendes festgestellt werden: Wir haben es mit massiv mehr und verschiedenen Akteuren in der internationalen Politik zu tun; die Beziehungen zwischen ihnen sind interdependent und global; und einige dieser Akteure, vor allem einige Staaten unter ihnen, sind zunehmend mächtiger geworden. Diese Trends in Richtung Interdependenz, Globalisierung, Diffusion von Macht und wachsende Komplexität haben in der Zeit seit dem Ende des Zweiten Weltkriegs sukzessive an Stärke und Geschwindigkeit zugenommen und hätten die Welt zunehmend «unordentlich» und unregierbar gemacht; aber diese Auswirkungen wurden durch einen *globalen Trend* und ein übergreifendes *Strukturmerkmal* internationaler Beziehungen unter Kontrolle gehalten:

Der *Trend*, um den es hier geht, ist die wachsende *Regelungsdichte* im internationalen System und der Ausbau der multilateralen Architektur von internationalen staatlichen Organisationen auf regionaler und globaler Ebene, vor allem im Rahmen der UNO und ihren Sonderorganisationen. Die Verregelung aller Aspekte der internationalen Beziehungen macht Fortschritte; es gibt kaum einen Bereich der internationalen Politik, der nicht durch internationale Regimes bestimmten Regeln und Prozeduren unterworfen ist. Die meisten dieser Regelungssysteme sind natürlich nicht perfekt, und es hapert bei der Durchsetzung – schliesslich sind die Betroffenen souveräne Staaten. Viele Regeln haben weiterhin nur empfehlenden Charakter. Und es gibt Möglichkeiten in Mengen, Regeln zu unterlaufen. Dennoch ist die wachsende Verregelung der internationalen Beziehungen ein Faktum und natürlich begrüssenswert, weil sie Ordnung in diese bringt und sie berechenbar macht, also *rule of law* auch in der internationalen Politik verbreitet und diese zunehmend zivilisiert, wenn auch nur in einigen ihrer Teile und nur in Teilen der Welt (dazu siehe weiter unten).

Das *Strukturmerkmal,* um das es geht, war die *Bipolarität* des internationalen Systems. Die bipolare Struktur des internationalen Systems hat die vorher genannten Trends von Interdependenz, Globalisierung, Machtdiffusion und Komplexität in ihren Auswirkungen weitgehend gebändigt und unter Kontrolle gehalten, diszipliniert. Der Mechanismus dieser Disziplizierung war ein doppelter, wie der Frankfurter Politologe ERNST OTTO CZEMPIEL gezeigt hat[10]: Über allen Staaten hing bis zum Ende der Sowjetunion die andauernde Drohung einer Eskalation regionaler Konflikte, über die ost-westliche Demarkationslinie hinweg, in eine nukleare Supermacht-Konfrontation. Jeder Staat musste dies in seine aussenpolitische Kalkulation mit einbeziehen und entsprechend umsichtig agieren; zusätzlich motivierte der Zwang zur Vermeidung einer Supermacht-Konfrontation eben diese Supermächte zu maximaler Einflussnahme auf ihre Klienten. Diese

10 ERNST OTTO CZEMPIEL, Weltpolitik im Umbruch. Das internationale System nach dem Ende des Ost-West-Konflikts. München: Beck 1993 (2. Auflage).

wurden einerseits in ihre Schranken verwiesen, anderseits aber auch nach innen stabilisiert, mitunter gegen beträchtlichen Widerstand.

Die USA stützten die Gesellschaften Europas und die Regimes in Lateinamerika und in «ihrem» Teil Afrikas, die Sowjetunion jene in Osteuropa und Asien. Beide Supermächte gerieten bei Stützungsversuchen in Grosskonflikte (Vietnam und Afghanistan). Dies widerspricht aber keinesfalls CZEMPIELS These von der stabilisierenden Wirkung der Bipolarität zwischen und innerhalb von Staaten: Denn das Bemerkenswerte an Vietnam und Afghanistan war doch wohl, dass sich die jeweils andere Supermacht aus dem Konflikt sehr bewusst heraushielt. Paradigmatischer Fall bipolarer Disziplinierung lokaler Konflikte war zweifellos das gemeinsame sowjetisch-amerikanische Krisenmanagement des Nahostkriegs von 1973 mit KISSINGERS so genannter *shuttle-diplomacy* und dem Druck beider Supermächte auf ihre jeweiligen Partner Israel und Ägypten, den Konflikt nicht ausufern zu lassen. Und ohne den Zusammenbruch des Ostblocks hätte SADDAM HUSSEIN seinen Raubzug nach Kuwait nicht zu unternehmen gewagt – darin kann man CZEMPIEL sicher zustimmen.

Nach dem Zusammenbruch der Sowjetunion und ihres Systems an Klientelstaaten in Zentral- und Osteuropa und der Dritten Welt ist die *Bipolarität* des internationalen Systems und ihre stabilisierende Wirkung Vergangenheit. Die vorher genannten Trends internationalen Wandels kamen nun nach und nach voll zur Geltung.

Erstens hat der Machtzuwachs von Regionalmächten seine Wirkung gezeitigt und die Welt *multipolar* und *polyarchisch* gemacht: Wo einstmals die beiden Grossen die «Spielregeln» der internationalen Politik bestimmten, werden diese nun regional durch neue Hegemonialmächte und in Rivalität zwischen ihnen neu bestimmt, mitunter auch gegen das Völkerrecht. Krisen und deren Eskalation in gewaltsame Konflikte sind in einigen Fällen die Folge. Einige dieser Staaten sind hoch gerüstet, teilweise besitzen sie Nuklearwaffen. Das *annus horribilis* in dieser Hinsicht war zweifellos 1998 mit Raketentests in Indien, Pakistan, Nordkorea und Iran und demonstrativen Nukleartests von Indien und Pakistan. Nordkorea hat den Atomwaffen-Sperrvertrag gekündigt, ein politischer Schachzug, der ebenfalls zu Zeiten des Kalten Krieges mit starker sowjetischer Kontrolle über das nordkoreanische Regime kaum denkbar gewesen wäre und in den frühen 1990er-Jahren womöglich einen Krieg auf der koreanischen Halbinsel ausgelöst hätte. Iran lässt sich bei seinem Versuch, Nuklearwaffen zu entwickeltn, bislang kaum beirren.

Zweitens hat die strukturelle Instabilität vieler Staaten zu einer Welle von Sezessionismus, Irredentismus und neuen Nationalismus in fast allen Teilen der Welt geführt, und zwar vornehmlich dort, wo als Folge der Entkolonialisierung eine Nationenbildung nicht oder nur in Ansätzen hat stattfinden können oder wo die Entwicklung im Schatten sowjetischer Macht quasi eingefroren war, also in Mittel- und Osteuropa, im Kaukasus und in Zentralasien. Die meisten Staaten dieser Welt sind *nicht* Nationalstaaten, sondern Staaten mit keiner einheitlichen oder (problematischer) *mehreren* Nationen, die meist nicht unbedingt gleichberechtigt sind. Und dann gibt es eine Menge von Nationen, die keinen Staat haben: Gemäss Zählung entsprechender Projekte gibt es an die 7’000 nationale Minderheiten auf dieser Welt[11]. Nicht alle wollen einen Staat und nur die wenigsten werden einen Staat bekommen. Aber viele werden es versuchen, mit allen Mitteln, auch mit Gewalt. Der neue Nationalismus in der Welt ist nicht die Ursache, sondern das Symptom dieser Entwicklung.

---

11 Ted Robert Gurr, Peoples Versus States: Minorities at Risk in the New Century. Washington, D.C.: United States Institute of Peace 2000.

Nun wurde oben auf den stabilisierenden Effekt einer wachsenden Verregelung der internationalen Beziehungen und den Ausbau der multilateralen Architektur hingewiesen. Beides ist natürlich mit dem Ende des Kalten Krieges nicht untergegangen, sondern lebt und entwickelt sich weiter. Zwei Relativierungen sind hier jedoch anzubringen: *Erstens* beschränkt sich die stabilisierende Wirkung beider Phänomene zu einem beträchtlichen Teil auf die Welt der entwickelten Industriestaaten; und *zweitens* hat das Interesse der USA, der letzten Supermacht nach dem Ende der Sowjetunion, an dieser multilateralen Struktur beträchtlich nachgelassen. Beide Entwicklungen sollen nachfolgend etwas genaueren angeschaut werden.

4 Die neue Zweiteilung der Welt

Zu Zeiten des Kalten Krieges war rasch einmal die Rede von der Zweiteilung der Welt in jene der westlichen Industriestaaten, die Erste Welt, und die Sozialistische unter Führung der Sowjetunion, die Zweite Welt. Der Begriff «Dritte Welt» wurde von dem französischen Demographen ALFRED SAUVY 1952 eingeführt und sofort in den Medien und in der Diplomatie aufgegriffen. SAUVY benutzt den Begriff in Anspielung auf den Dritten Stand *(«tiers état»)* der vorrevolutionären französischen Gesellschaft: *«Nous parlons volontiers des deux mondes en présence, de leur guerre possible, de leur coexistence, etc., oubliant trop souvent qu'il en existe un troisième, le plus important, et en somme, le premier dans la chronologie. C'est l'ensemble de ceux que l'on appelle, en style Nations Unies, les pays sous-développés … Car enfin ce Tiers Monde ignoré, exploité, méprisé comme le Tiers Etat, veut, lui aussi, être quelque chose.»*[12] Später (einige behaupten in Bandung 1955 auf einem Treffen der Blockfreien-Bewegung) liess MAO TSE TUNG seine eigene «Theorie der Drei Welten» durch

12 ALFRED SAUVY, Trios Mondes, une Planète. L' Observateur, 14 August 1952, Nr.118, S. 14.

seinen Premier TSCHOU EN-LAI verkünden, der gemäss die Erste Welt die der Supermächte sei, die Zweite Welt sei die der übrigen Industriestaaten, und die Dritte Welt sei der Rest (einschliesslich Chinas).

Die Zweite sozialistische Welt ist mit dem Ende des Kalten Krieges untergegangen. Ein Teil ist mit der Aufnahme in die Europäische Union am 1. Mai 2004 inzwischen fester Bestandteil der Ersten Welt geworden. Russland ist Mitglied des Europarates und strebt die Mitgliedschaft in der Welthandelsorganisation WTO an. Die Dritte Welt existiert jedoch weiterhin, und das Trennende zwischen den beiden Welten, der Ersten und der Dritten, hat eher noch zugenommen. Ja man könnte behaupten, dass beide Welten nach grundsätzlich unterschiedlichen Mustern funktionieren: Eine neue Ordnung, die diesen Namen verdient, finden wir in der Ersten Welt; die Dritte Welt hingegen zeichnet sich eher durch eine neue Unordnung aus, die zum guten Teil auf den Wegfall der disziplinierenden Wirkung des Kalten Krieges zurückzuführen ist.

Die Erste Welt ist jene der entwickelten Industriestaaten, die sich in der Organisation für wirtschaftliche Zusammenarbeit und Entwicklung zusammengeschlossen haben. Diesem Club der Industrieländer gehört neben Japan inzwischen auch das ostasiatische vormalige Schwellenland Südkorea an; es ist also kein exklusiv westlicher Club. Dieser Ersten Welt kann man nun den Rest der Welt entgegenstellen. Akteure sind in der Ersten Welt neben den Industriestaaten auch internationale staatliche und nichtstaatliche Organisationen, transnationale Konzerne und andere Elemente der Zivilgesellschaft; in der Dritten Welt ist die Zivilgesellschaft oft schwach und wenig entwickelt, oft stehen sich jedoch auch der moderne Staat und die Organisationen der traditionellen Gesellschaft feindlich gegenüber; der Staat ist hier mitunter schwach oder ganz verschwunden *(failed states)*. Viele Länder zeigen zwar nach aussen und in den internationalen

	Neue Ordnung in der Ersten Welt	Neue Unordnung in der Dritten Welt
Regionen	OECD-Länder.	Rest der Welt.
Akteure	Nationalstaaten, IGOs, NGOs, TNCs, andere Organisationen	Staaten, Nationen, Königreiche, war lords, IGOs, TNCs etc.
Funktionsprinzip	Globale «postmoderne» Ordnung mit USA und EU als Kern, Multilateralisierung, unilaterale Tendenzen (USA)	Machtpolitik in einem «prämodernen» und modernen Umfeld *(my enemy's enemy is my friend's friend).*
Mechanismen	Gemeinsame Prinzipien und Normen, die zu gemeinsamen Regeln und Prozeduren führen (Verrechtlichung der IB)	Modernisierung, Industrialisierung, Staatenwerdung, Multipolarität, Polyarchie, Rivalität.
Subsidiarität	Lokale Probleme lokal lösen, regionale Probleme regional, globale Probleme global.	Verfolge deine Ziele lokal und versuche, global damit durchzukommen.
Variable...	**Geometrie:** Partizipieren, wo möglich, *opting out,* falls nötig.	**Hegemonie:** Diktiere deine Spielregeln deiner Region, verletze die globalen Spielregeln, wo es dir nützt.
Resultat	Frieden, Stabilität, Berechenbarkeit. Die meisten Interaktionen werden von ihrem Charakter her zur Routine und zu *low politics.*	Instabilität, Unberechenbarkeit, Kriege, Bürgerkriege, Terrorismus; die meisten Transaktionen sind problematisch. Dominanz von *high politics.*
Globalisierung	Die Probleme der Dritten Welt schwappen auch in die Erste über: Bsp. Terrorismus.	Probleme mit den ökonom. «Spielregeln» der Ersten Welt, weitgehender Ausschluss von der Globalisierung...

Organisationen die Fassade moderner Staatlichkeit, sind nach innen jedoch mit dem modernen westlichen Staat kaum vergleichbar.

In ihren *Funktionsprinzipien* unterscheiden sich beide Welten ganz grundsätzlich: Während in der Ersten Welt das Miteinander der Akteure institutionell stark strukturiert verläuft und auch bei Streitigkeiten in geregelten Bahnen verbleibt, Handelsstreitigkeiten z.B. vor das Schiedsgericht der WTO gebracht werden, verläuft Politik in der Dritten Welt zu einem grossen Teil noch immer nach den Regeln kruder Machtpolitik: *My enemy's enemy is my friends friend.* Konflikte geraten oft ausserhalb der institutionellen Schranken und eskalieren in den militärischen Bereich. Auch betreffend ihrer *Mechanismen* unterscheiden sich Erste und Dritte Welt: Hier die Verregelung und Verrechtlichung internationaler Politik, dort die Dominanz von Prozessen, die in der Ersten Welt längst Geschichte sind: Modernisierung, Industrialisierung, *nation building.* Ein bedeutsames Prinzip der Politik ist in der Ersten Welt das der Subsidiarität: Lokale Probleme lokal lösen, regionale Fragen regional und globale Probleme global lösen. In der Dritten Welt hingegen wird oft eine ganz andere Form der Subsidiarität gepflegt: Der Versuch nämlich, lokal und regional Machtpolitik auch auf Kosten der globalen Gemeinschaft zu betreiben, ohne diese so weit zu provozieren, dass sie eingreift. In der Ersten Welt ist eine Art variable Geometrie das Resultat (mit Möglichkeiten des *opting out),* in der Dritten Welt eine variable Hegemonie, bei der regionale Hegemonialstaaten versuchen, ihre Regeln den umliegenden Staaten aufzuzwingen.

Das *Resultat* ist Friede und Wohlstand in der Ersten Welt, wobei viele Probleme der vormals hohen Politik zu Routinen transformiert worden sind, etwa der Grenzübertritt, der bekanntlich im *Schengen*-Gebiet der EU nicht mehr kontrolliert wird. In der Dritten Welt resultiert Instabilität, Unberechenbarkeit und oft genug Gewalt. Beide Welten leben nun jedoch nicht in einer Art friedlichen Koexistenz miteinander; vielmehr sitzen wir alle in einem Boot, und die Globalisierung sorgt dafür, dass beide Welten sich aneinander reiben: Die Erste Welt bekommt mit Migration, Terrorismus und Preisschwankungen bei den Rohstoffen die Probleme der Dritten Welt zu spüren, um nur einige dieser Effekte zu nennen; die Dritte Welt hingegen hat Mühe mit den Spielregeln der Ersten Welt, z.B. im Bereich des Welthandels, von dem sie grossenteils ausgeschlossen ist, der internationalen Finanzordnung, dem Export westlichen Lebensstils, der mit den Gebräuchen traditioneller Gesellschaften oft nicht harmoniert.

5 Der unipolare Moment und die USA als einsame Supermacht

Der einzige Staat, der in beiden Teilen der Welt als mächtiger Akteur aufzutreten vermag, sind immer noch und weiterhin die USA, und sie sind in ihrer Rolle als globale Ordnungsmacht zumeist nicht wohl gelitten, auch weil sie nicht selten mit wenig Empathie zur Sache gehen, nicht immer alles richtig machen und oft mit Arroganz auf Einwände reagieren. Sie sind also häufig allein, «einsam», wie HUNTINGTON festgestellt hat[13]. Diese Einsamkeit kommt ihnen anderseits aber auch nicht ungelegen: Die Weltgeschichte habe den USA die einmalige Chance eines «unipolaren Momentes» zugespielt[14] und sie angesichts ihrer überragenden Macht damit nach eigener Einschätzung in die Lage versetzt, der Welt unilateral eine geeignete Ordnung zu geben, auch gegen Widerstand.

13 SAMUEL P. HUNTINGTON, The Lonely Superpower, in: Foreign Affairs 78 (Nr. 2,1999), S. 35–49.

14 CHARLES KRAUTHAMMER, The Unipolar Moment, in: Foreign Affairs 70 (Nr. 1,1991), S. 22–33. Vgl. auch CHARLES KRAUTHAMMER, The Unipolar Moment Revisited, in: The National Interest, Winter 2002/3, S. 5–17.

Anteile der Welt-Militärausgaben 2002 (Quelle: SIPRI)

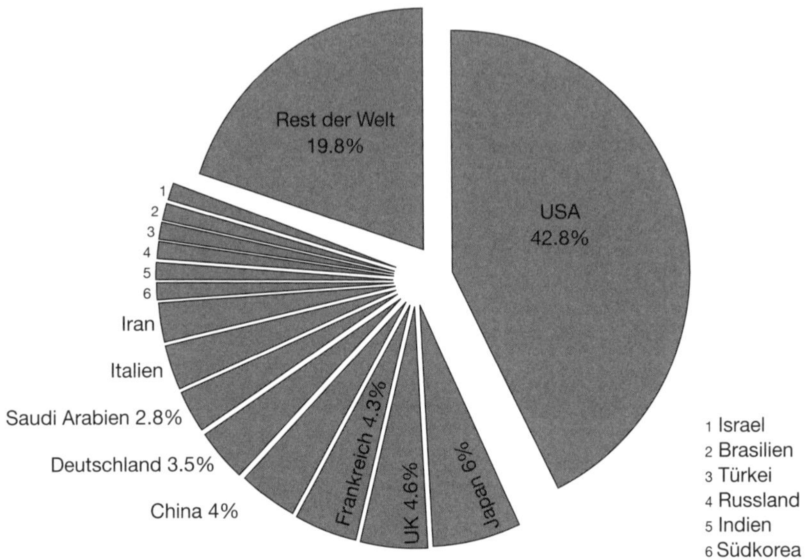

Gerade die Regierung des zweiten Präsidenten Bush begann ihre Amtszeit mit einer Reihe von Massnahmen, die manchen *multilateralen Anstrengungen* der Staatengemeinschaft entgegenlaufen und Machtproben nicht scheuen: Energisch wurde das Programm zur Errichtung einer Raketenabwehr wieder in Gang gebracht, gegen den Rat der Verbündeten und ihre Sorgen um die geopolitischen Auswirkungen einer Kündigung des ABM-Vertrages von 1972. Das Kyoto-Protokoll fiel in Ungnade, weil es die Vereinigten Staaten, die für einen Viertel aller weltweit emittierten Treibhausgase verantwortlich sind, «unfair» behandle. Das Projekt eines Kontrollmechanismus in der Konvention gegen biologische und toxische Waffen von 1972 wurde von den USA wegen Bedenken verzögert, die Sache könne für Werkspionage in den USA missbraucht werden. An der UNO-Konferenz zur Kontrolle von Kleinwaffen im Sommer 2001 taten sich die USA mit Befürchtungen hervor, das verfassungsmässige Recht des Amerikaners, eine Waffe zu tragen, könne durch Massnahmen der Staatengemeinschaft gegen die Verbreitung von leichten Waffen in Mitleidenschaft gezogen werden. In den Verhandlungen um eine UNO-Agenda zum Rassismus kämpften die USA vehement gegen Bestrebungen, das Thema Sklaverei und die Möglichkeit einer Entschädigung für diese zu behandeln, nachdem man sich vorher für die Sache der Zwangsarbeiter des Nazi-Regimes in dankenswerter Weise stark gemacht hatte.

Letzter Akt dieses Versuchs, die Welt gegen Widerstände, auch jene der Verbündeten, zu ordnen und fremde Ordnungsversuche zu unterlaufen, war zweifellos der Irak-Krieg. Dieser zeigt mit aller Deutlichkeit nun aber auch die Grenzen amerikanischer Macht auf. Die USA haben gezeigt, dass sie grosse Kriege rasch führen und gewinnen können. Die wichtigere Frage ist jedoch, in wie vielen «Protektoraten» gleichzeitig die USA Pazifizierung und *nation building* betreiben können, was sie sich diesen Aufwand kosten lassen wollen und welche Konzessionen sie an die Alliierten zu machen bereit wären, um diese ins Boot zu holen und dann bei der Stange zu halten. Die Last einer Besetzung und Befriedung eines militärisch geschlagenen Irak wurde offenbar krass unterschätzt, obschon man es besser hätte wissen können. Die amerikanische Regierung scheint inzwischen ihre Lehren gezogen zu haben, d.h. kaum Neigung zu verspüren, im «Krieg» gegen den Terrorismus, wie man die Operation immer noch nennt, neue Schauplätze zu eröffnen. Dazu mangelt es der letzten Supermacht zurzeit auch schlicht an den nötigen Truppen; die Wiedereinführung der allgemeinen Dienstpflicht hatte Präsident BUSH im Wahlkampf des Jahres 2004 ja kategorisch ausgeschlossen. Das Säbelrasseln kann die gegenwärtige US-Regierung dennoch nicht lassen, wie die Bemerkung des Präsident belegt, im Umgang mit dem Iran blieben alle Optionen auf dem Tisch, also auch die militärische.

Ebenfalls kaum gelitten haben durch die Mühen mit dem Irak das Sendungsbewusstsein der USA und ihr Selbstverstrauen. Dem Einwand des Journalisten RON SUSKIND, man müssen in der Politik ja von den Realitäten ausgehen, begegnete ein ungenanntes Mitglied der amerikanischen Regierung wie folgt: *«We're an empire now, and when we act, we create our own reality. And while you're studying that reality … we'll act again, creating other new realities, which you can study too, and that's how things will sort out. We're history's actors . . . and you, all of you, will be left to just study what we do.»*[15] Hybris kommt bekanntlich vor dem Fall, wobei die Welt im eigenen Interesse wohl darauf hoffen sollte, dass der absehbare Zusammenprall der US-Regierungen mit Realitäten wie dem eines abstürzenden Dollars oder ausufernder Defizite nicht allzu heftig verläuft. Denn die USA sind für die Welt zu wichtig, als Ordnungsmacht, als Markt, als Konjunkturlokomotive …Womöglich wird sich eine kommende US-Regierung wieder jener weichen Macht *(soft power)* besinnen[16], die den USA die Durchsetzung ihrer Ziele ohne militärische Mittel erleichtert, schlicht weil die Werte von Freiheit, Gleichheit, Wohlstand und Lebensweise nach amerikanischem Muster durchschlagende Attraktivität besitzen, auch ohne dass man dafür gross Werbung betreiben oder gar Krieg führen müsste.

6 Neue Welt-Unordnung

Wie wird die Weltpolitik in Zukunft aussehen? Sie wird gewaltsamer werden, und sie wird in mancherlei Hinsicht uns *allen* Probleme machen, wegen ihrer Interdependenz und Globalität internationaler Beziehungen. Man schaue als Beispiel nur auf die Rohölversorgung in Krisenzeiten: Im Herbst 1990 ist trotz voller Lager und gesicherter Versorgung der Rohölpreis schon im ers-

15 Vgl. RON SUSKIND, Without a Doubt. In: New York Times, 17. Oktober 2004.
16 JOSEPH S. NYE, Soft Power: The Means to Success in World Politics. New York: Public Affairs Books 2004.

ten Monat der Golfkrise um rund 40% emporgeschnellt; im Frühjahr und Sommer 2004 passierte angesichts der schwierigen Lage im Irak und der Anschläge in Saudi Arabien Ähnliches. Dies sind die kurz- bis mittelfristigen Aussichten, und sie sind alles andere als rosig. Langfristig ist nicht auszuschliessen, dass es zu einer Art mehrschichtigem, globalen Mächtegleichgewicht in der Welt kommt. Die USA könnten hierbei jene Rolle global spielen, die England in der ersten Hälfte des 19. Jahrhunderts in Europa hatte. Kurz- und mittelfristig müssen wir aber mit äusserst volatilen, ungefestigten Verhältnissen rechnen, *times of trouble,* wie ARNOLD TOYNBEE diese geschichtlichen Abschnitte in seiner *Study of History* genannt hat.

Derartige Phasen hat es in der Geschichte immer wieder gegeben[17]. Neu an der jetzigen Umbruchphase ist ihr globales Ausmass und die damit einhergehenden Risiken für alle und für alles, nämlich Sicherheit, Wohlstand, Umwelt, Überleben. Angesichts aller Unwägbarkeit wird die Neigung in der Staatenwelt, sich kräftig zu engagieren und gegenzusteuern aber eher ab- denn zunehmen. Denn wenn «fern in der Türkei die Völker aufeinanderschlagen», wie es im FAUST heisst, ist jedes Engagement in diesen Konflikten kostspielig und innenpolitisch selten populär. *«Stellt euch vor es ist Krieg und keiner geht hin»* heisst ein Brecht-Zitat, das zu Zeiten der Friedenbewegung oft als Graffiti anzutreffen war. Unterschlagen wurde dabei die darauf folgende Zeile: *«... dann kommt der Krieg zu Euch».* Ein *opting out* ist in der hoch interdependenten Welt undenkbar; der Krieg wird auch zu jenen kommen, die «nicht hingehen», und zwar mindestens in seinen indirekten Folgen für Stabilität und Wohlstand. Man hat sich also darauf einzustellen, dass nichts und niemand die Welt vor den Folgen des Strukturwandels im internationalen System schützt, zumindest nicht auf absehbare Zeit.

17 Vgl. J. E. SPENCE, Reflections on the Current International Scene, in: Review of International Studies 20 (Nr. 1, 1994), S. 3–13.

Damit stellt sich aber eine andere Frage: Diese unschöne neue Welt, mit der wir es zu tun haben, hat sie eine *Ordnung?* Man muss nicht alle Ordnungsbegriffe der sozialwissenschaftlichen Teildisziplinen auf ihre Tauglichkeit hin überprüfen, um der Sache näher zu kommen. *Ein* Aspekt sei nur herausgegriffen, und dieser kommt recht deutlich in der Ordnungsdefinition des Brockhaus zutage: *«Ordnung ist der zweckmässig geregelte Zusammenhang von Elementen, die nicht Teilglieder eines Ganzen, sondern selbständige Grössen oder Wesen sind, deren Beziehung zueinander aber einem bestimmten, auch gelegentlich Änderungen überdauernden inneren Gesetz untersteht».*

Ob die Beziehungen der vielen und vielfältigen Akteure des internationalen Systems untereinander «inneren Gesetzen» gehorchen, ist schwer zu beurteilen. Als Politologe ist man schon froh, festere Regelmässigkeiten zu erkennen, und einige davon kennen wir in der Tat. Mühe bereitet aber die «Zweckmässigkeit» des geregelten Zusammenhangs, die definitorisch gefordert ist, um die Dinge als Ordnung bezeichnen zu dürfen. Dass die internationalen Beziehungen bislang eher unzweckmässig waren, ist *communis opinio* in Politikwissenschaft und politische Philosophie, spätestens seit den Friedensrufen und Friedensplänen der Aufklärung[18]. Dass die Verhältnisse, mit denen wir es nun nach Ende der Bipolarität auf absehbare Zeit in der internationalen Politik zu tun haben werden, besonders unzweckmässig sind, steht wohl ausser Frage. Eine neue Weltordnung, die diese Bezeichnung verdient, wird noch länger auf sich warten lassen.

---

18 Vgl. KURT VON RAUMER, Ewiger Friede. Friedensrufe und Friedenspläne seit der Renaissance. Freiburg und München: Karl Alber 1953.

Otfried Höffe

Vision Weltrepublik
Eine philosophische Antwort auf die Globalisierung

Vergleicht man die Weltordnung mit einem Schiff, so gilt das Wort von Antoine de Saint-Exupéry: «créer le navire c'est exclusivement fonder la pente vers la mer» («ein Schiff erschaffen heisst lediglich, die Sehnsucht nach dem Meer zu wecken»: *Citadelle,* 1959, 826). Politikwissenschaftler prüfen das Holz für das Schiff. Ihr naiver Gegner, die schwärmerische Utopie, macht Vorschläge, wie man ohne Holz direkt auf dem Meer wandelt. Die Philosophie entwickelt dagegen ein Noch-nicht, das aber realisierbar ist. Sie entwirft eine realistische Vision zur Frage, wie man das gemeinsame Erbe der Menschheit, das Recht, und darüber hinaus die politische Errungenschaft der Neuzeit, die liberale Demokratie, ins Zeitalter der Globalisierung rettet. Denn nur wer begründete Hoffnungen hegt, schreckt vor Schwierigkeiten nicht mutlos zurück. Überdies beherzigt er das Goethe-Wort: «Wer philosophiert» – und das heisst nichts anderes als: wer selbständig denkt –, «ist mit den Vorstellungen seiner Zeit nicht einig.»

Ich beginne mit einer Diagnose zur Globalisierung (1), denn alle Welt redet heute von Globalisierung; was darunter zu verstehen ist, bleibt aber oft unklar. Danach schlage ich als Therapie eine Weltrepublik vor (2), verteidige sie gegen mancherlei Missverständnisse und bekräftige in der Auseinandersetzung mit sieben Einwänden (3) die Einsicht: «Créer un ordre juridique mondial, c'est avant tout fonder la pente vers la paix et la justice globale» («Eine Weltrechtsordnung schaffen heisst vor allem, die Sehnsucht nach globalem Frieden und globaler Gerechtigkeit zu wecken»).

1 Zur Diagnose: Globalisierung

Merkwürdigerweise erliegt man bei der Globalisierung noch immer der ökonomistischen Verkürzung; man denkt bloss an die Wirtschafts- und Finanzmärkte. In Wahrheit «globalisieren sich» auch die Wissenschaften, das Schul- und Hochschulwesen und so gut wie alle Facetten der Kultur. Vergessen wir doch nicht, dass man lange vor den Computern überall in der Welt die Schriften von PLATON, ARISTOTELES und KANT findet, die Werke von HOMER, DANTE, SHAKESPEARE und GOETHE, die Märchen aus Tausendundeiner Nacht und Texte östlicher Weisheit. Ebenfalls werden weltweit BACH, BEETHOVEN und MOZART, Jazz und gewisse Popmusik gehört, schätzt man indische Tempel, japanische Zen-Gärten und europäische Schlösser und studiert die Quantentheorie, die Analysis und die Bausteine allen Lebens. Und lange davor breiten sich zahlreiche Religionen über die ganze Welt aus.

Gegen die ökonomistische Verkürzung sprechen auch die nichtwirtschaftlichen Ursachen der wirtschaftlichen Globalisierung, namentlich politische Entscheidungen und technische Neuerungen. Selbst die wirtschaftliche Globalisierung ist nicht schlechthin neu. Schon das Schulwissen belehrt über internationale Handelswege wie die Seidenstrasse, über das in hellenistischer Zeit entstehende Welthandelsgebiet mit Weltmarktpreisen und Welthandelszentren wie Alexandria und über das dichte Handelsgeflecht in den Zeiten der Goldwährung. Neu sind jedoch Elemente, für die die Funksatelliten und das elektronische Weltnetz mit verantwortlich zeichnen: dass Informationen in Sekundenschnelle ausgetauscht und Ereignisse weltweit so gut wie gleichzeitig wahrgenommen werden. Das Internet birgt überdies ein hohes Demokratiepotential. Es sorgt zwar nicht für eine gleiche Nutzerdichte, behandelt ansonsten aber alle Personen, Unternehmen und Staaten gleich. Zudem unterwandern seine Informationen die Zensur autokratischer Staaten, sie üben auf sie einen Demokratisierungsdruck aus und erleichtern den weltweiten Protest gegen Verletzungen der Menschenrechte. Dazu kommt ein ökologischer Gewinn: Wer im Internet reist, verringert die Energie- und Umweltbelastung. Nicht zuletzt steigt seine Rechtssicherheit, denn mindestens Leib und Leben bleiben ungefährdet.

Das Internet dient allerdings auch dem globalen Terrorismus und der Grosskriminalität. Weil es ausserdem militär-technische Neuerungen gibt, erweitert sich unsere erste Dimension der Globalisierung, die facettenreiche Kooperationsgemeinschaft, um eine zweite Dimension, eine leider ebenfalls reiche «Gewaltgemeinschaft». Und in den Folgelasten des internationalen Wettbewerbs, in der Arbeitslosigkeit, den Umweltgefahren und den Opfern der internationalen Gewalt, zeichnet sich die dritte Dimension ab, die globale «Gemeinschaft von Not und Leid». Längst zeigen die grossen Flüchtlings- und Wanderbewegungen, dass die Folgen weder der vielen Bürgerkriege noch die der wirtschaftlichen, aber auch politischen Unterentwicklung an staatlichen Grenzen haltmachen.

2 Zur Therapie: Weltrepublik

Weil in allen drei Dimensionen ein globaler Handlungsbedarf besteht, schliesst sich die Frage an, wie man ihn am besten deckt. Gehen wir topisch vor und greifen auf weithin anerkannte Ansichten zurück:

Für die Gestaltung ihres Zusammenlebens kennt die Menschheit vor allem zwei Grundmuster von visionärer Kraft, die liberale Demokratie und den Wettstreit der Kräfte. Das erste Muter: dass statt der Gewalt das Recht und im Recht die Menschenrechte herrschen sollen, dass zu diesem Zweck die Betroffenen öffentliche Gewalten einrichten und sie um ein dichtes Netz von Bürgerengagement ergänzen, ist nicht bloss wünschenswert. Die fünf

Elemente: Recht, Menschenrechte und Staat, Demokratie und Zivil- bzw. Bürgergesellschaft, haben sogar einen rechtsmoralischen Rang; sie sind unbedingt und universal verbindlich. Unsere Sehnsucht nach Recht und Gerechtigkeit verbindet sich daher mit dem Ruf der moralischen Pflicht.

Die aus den fünf Elementen gebildete liberale Demokratie hält freilich einen «Etatismus», der alle Aufgaben durch zwangsbewehrte Eingriffe von oben bewältigt, für schlicht töricht. Statt dessen gibt sie dem freien Spiel der Kräfte Raum, dem nicht nur wirtschaftlichen, sondern auch politischen, nicht zuletzt wissenschaftlichen und kulturellen Wettbewerb. Wegen der Kreativität, Anstrengung und Risikofreudigkeit, die der Markt freisetzt, erwartet man nämlich, dass sich die Menschheit einen Grossteil ihres uralten Traumes erfülle. Gemäss dem Prophetenwort «Ihre Schwerter schmieden sie zu Pflugscharen um und ihre Speere zu Winzermessern» (Jesaja 2,4) soll die militärische Gewalt in wirtschaftliche und kulturelle Kraft umgewandelt werden und ein Friede sich mit der Blüte von Wirtschaft, Kultur und Wissenschaft verbinden.

Wegen ihrer universalen Verbindlichkeit richten sich unsere fünf Elemente nicht bloss an einzelne Gemeinwesen, sondern auch an die globalen Beziehungen. Deshalb drängt sich der Gedanke einer weltweiten Friedens- und Rechtsordnung auf, in der mittels wirtschaftlichen, wissenschaftlichen und kulturellen Wettbewerbs die Gesellschaften und vor allem ihre Individuen aufblühen.

Die politische Philosophie erkennt durchaus die zweite Vision an, den einen vielschichtigen Reichtum versprechenden Wettbewerb. Sie tritt aber ihrer Verabsolutierung entgegen, der neoliberalen Verdrängung der Politik durch den Markt. Vieles kann die Weltgesellschaft dem freien Wettbewerb und der zufälligen Evolution überlassen. Wie schon beim Einzelstaat sind aber die Rahmenbedingungen des Wettbewerbs verbindlich festzulegen. Schon um den immer wieder aufflackernden Flächenbrand zwischenstaatlicher Gewalt endlich auf Dauer zu löschen, braucht es eine Weltrechtsordnung, die sich auf die Menschenrechte und die Demokratie verpflichtet. Denn zweifellos darf die Globalisierung nicht mit einem Rückschritt an liberaler Demokratie bezahlt werden.

Man kann zwar fragen: «Warum eigentlich nicht?» Die Antwort liegt aber auf der Hand. Soweit für die Globalisierung ein pragmatischer Grund, der facettenreiche Wohlstand, spricht, ist die liberale Demokratie, weil von rechtsmoralischem Rang, höherwertig, so dass sie dem niederrangigen Wert Wohlstand nicht geopfert werden darf. Soweit die Globalisierung sich aber freiheits- und demokratiefunktional rechtfertigt, sie nämlich direkt oder indirekt der liberalen Demokratie dienen soll, wäre es unsinnig, die Demokratie der Demokratie zu opfern. Vielleicht geht man aber nur unehrlich vor: Man redet von Demokratie und meint die eigene Macht, entweder wie neoliberale Ökonomen die Vormacht der Wirtschafts- und Finanzmärkte oder wie Politiker der gegenwärtigen Hegemonialmacht die Vorherrschaft des eigenen Landes.

Lässt man dagegen der liberalen Demokratie den Vorrang, so ist eine Ausweitung ihrer Grundelemente auf die globalen Verhältnisse unumgänglich. Wie eine Einzelgesellschaft die wirtschaftlichen und kulturellen Marktkräfte in den Rahmen der Menschenrechte und Demokratie zwingt, so verlangt auch der globale Handlungsbedarf nach einer globalen Rechtsordnung mit demokratischem Zuschnitt, also eine Art liberaler Weltdemokratie, einschliesslich einer globalen Bürgergesellschaft, kurz: eine Weltrepublik.[1]

---

1 Zur näheren Ausgestaltung der Weltrepublik und zur detaillierten Begründung siehe Höffe 2002; zur Auseinandersetzung damit Gosepatz/Merle 2002; vgl. auch Lutz-Bachmann/Bohmann 2002.

3 Sieben Einwände

Obwohl der globale Handlungsbedarf in Verbindung mit Recht und Demokratie auf eine Weltrepublik drängt, bedeutet er einen radikalen Bruch mit dem Vertrauten. Infolgedessen macht sich breit, was den Flug unserer Sehnsucht hemmt, die Skepsis. Dem treten wir mit einer neuen Methode entgegen, der kleinen, unspektakulären Schwester von Hegels bestimmter Negation: In Auseinandersetzung mit sieben Zweifeln zeigt die Vision Weltrepublik ihr bescheidenes, daher realistisches Profil. Zugleich erinnert sie die Verantwortlichen an das MAX-WEBER-Wort (1971, 560): «Die Politik bedeutet ein starkes langsames Bohren von harten Brettern mit Leidenschaft und Augenmass zugleich.» Wer dazu fähig ist, «nur der hat den ‹Beruf› zur Politik».

Nach einem *ersten Zweifel* werde der Staatlichkeit ein Exklusivrecht eingeräumt und den Alternativen, dem Markt, dem Regieren ohne Staatlichkeit («governance without government») und einem Netz globaler Zivilverfassungen jede Steuerungsfähigkeit abgesprochen. Eine Variante dieses Einwandes behauptet die unkritische Übertragung nationalstaatlicher Verhältnisse auf die Weltgesellschaft (z.B. TEUBNER 2003).

Die Antwort liegt in einem bescheidenen Staatsbegriff: Damit das, was das Recht meint, eine unparteiische Durchsetzung gemeinsamer Regeln, kein frommer Wunsch bleibt, darf die Durchsetzung weder einem der Betroffenen («Parteien») noch einer zufälligen Evolution überlassen bleiben. Im Gegenteil müssen nichtprivate, also öffentliche Gewalten eine Verantwortung übernehmen, ohne deshalb das bisherige Muster von öffentlicher Gewalt zu privilegieren. Nichts anderes als den Inbegriff einer nichtprivaten Verantwortung für die Rechtsregeln, für ihre Durchsetzung und für die Streitschlichtung bedeutet hier die Staatlichkeit. Ohnehin verstehe ich die globale Staatlichkeit nicht etatistisch: nur staats- und staatenzentriert. Weil die globale Bürgergesellschaft, die Weltbürgergesellschaft, dazugehört, ist dem bunten Strauss von Organisationen der *Nicht*regierung zu einer gewissen *Mit*regierung zu verhelfen.[2]

Nach dem *zweiten Zweifel* werde die Menschheit mit der Vision einer Weltrepublik überfordert. Obwohl es nämlich Globalisierungstendenzen schon lange gibt, habe die Menschheit zu keiner globalen Ordnung gefunden. Warum sollte sie also heute können, was sie bisher noch nie vermocht habe?

Die Antwort ist zweiteilig. Auf der einen Seite dürfte der globale Handlungsbedarf enorm gestiegen sein. Für die Ausbreitung der Philosophie und Wissenschaften braucht es das kaum, was für den Kampf gegen Umweltschäden, Terrorismus und die organisierte Kriminalität, auch gegen Armut, Unterentwicklung und Unterdrückung verzichtbar ist: globale Vereinbarungen.

Auf der anderen Seite gründen schon im 16. Jahrhundert zwei weitsichtige Politiker mit den Führern der «Fünf zivilisierten Nationen» einen Friedens- und Völkerbund. Man könnte unter diesen Nationen die fünf grossen Sprach- und Kulturräume Europas erwarten, also – nach dem Alphabet – Deutschland, Frankreich, Grossbritannien, Italien und Spanien. Tatsächlich sind es fünf Irokesenstämme (Cayuga, Mohawk, Oneida, Omondoga und Seneca), die sich dank zweier Häuptlinge (DEGANAWIDA und HIAWATHA) einige Generationen vor den Europäern (1648 in Münster und Osnabrück) auf einen Frieden verständigen. Sogar vier oder fünf Jahrhunderte vor der Europäischen Einigung bilden sie eine politische Einheit, geleitet von zwei Oberhäuptlingen und einem Rat von 50 Häuptlingen (Sachem; vgl. MORGAN 1851 und TOOKER 1978). Unsere Aufgabe – zeigen die Irokesen – stellt sich im Kern schon im subglobalen Massstab, und die Lö-

2 Zur Theorie der verantwortlichen Subjekte siehe Höffe 2004: Wirtschaftsbürger, Staatsbürger, Weltbürger. Politische Ethik im Zeitalter der Globalisierung, München

sung, eine demokratische Ordnung, ist nicht bloss bekannt, sondern wird auch anerkannt. Dasselbe trifft auf ein noch älteres Beispiel, das römische *ius gentium,* zu (vgl. KASER 1993).

Mit einer dritten Methode, einer Hermeneutik von Rechtsinstitutionen, prüfen wir die Beispiele auf ihre Tragfähigkeit für eine globale Koexistenz. Dabei entdecken wir acht Erfolgsfaktoren: Der Friedensbund und das *ius gentium* sind – *erster* Faktor – tatsächliches Recht. Der Wunsch nach friedlichem Zusammenleben könnte so alt wie die Menschheit sein. Aber erst in einem feierlich besiegelten Bund erhält er rechtliche Verbindlichkeit. Diese entsteht nicht aus abgehobenen Wünschen, sondern – *zweitens* – aus einem drängenden Handlungsbedarf. Bei den Irokesen ist man der Kriege überdrüssig; in Rom will man den zunehmenden Handelsverkehr zwischen den Bürgern verschiedener Gemeinwesen und Kulturen regeln. Indem das Recht den Handlungsbedarf deckt, ist es subsidiär im ursprünglichen Verständnis: Es hilft in der Notlage, dass die bisher zuständigen Institutionen nicht mehr genügen. Dabei breitet es sich nicht etwa «imperialistisch» auf alle Rechtsgebiete aus. In weiser Bescheidenheit beschränkt sich der Irokesenbund auf den zwischenstaatlichen Bereich, Rom dagegen auf das materielle Wirtschafts- und Handelsrecht. Da die anderen Bereiche unangetastet bleiben, ist das neue Recht eine Ergänzung des bekannten, nicht dessen Ersatz; es ist *drittens* komplementär.

Vielleicht hätte Rom seine Hegemonialmacht ausspielen können, freilich zum Preis, einen Gutteil des Handelsverkehrs zu verlieren. Ob aus rechtsmoralischen oder, wahrscheinlicher, aus pragmatischen Gründen – es greift *viertens* auf einen doppelten, sowohl «theoretischen» als auch «praktischen» Konsens zurück. Statt das eigene Recht den anderen aufzuzwingen, beruft sich Rom *formaliter* auf jenes Gebot zum Worthalten, die *fides,* das alle Menschen, unabhängig von ihrer ethnischen, religiösen und politischen Zugehörigkeit verpflichtet. Und *materialiter* bedient es sich der auf dem internationalen Markt Roms üblich gewordenen Handels- und Verkehrsbräuche.

Im vierten ist der *fünfte* Faktor schon enthalten, die Anerkennung von Besonderheiten, das Recht auf Differenz. Dabei verdient *ein* Merkmal eine eigene Erwähnung. Das *ius gentium* koppelt sich von dem für das römische *ius civile* charakteristischen Formvorschriften ab. Es zeichnet sich *sechstens* durch eine Säkularisierung aus, die sich in erneuter Bescheidenheit *siebentens* auf den Kern des Rechtsgeschäftes, auf den Willen der Beteiligten, beschränkt. Diese wiederum gelten – so der *achte* Erfolgsfaktor – als gleichberechtigt. Ob reich oder arm, ob Ägypter, Jude oder Römer, ob fromm oder areligiös – das *ius gentium* behandelt alle gleich, freilich nur in den zuständigen Bereichen, also dem Vertragsrecht, aber nicht dem Familien- und Erbrecht. Der Irokesenbund wiederum erklärt lange vor der *Virginia Bill of Rights* (1776) alle Mitglieder der irokesischen Stämme als persönlich frei und in ihren Rechten gleich. Während in Europa noch Fürsten «von Gottes Gnaden» herrschen, setzen die Irokesen hinzu: «gleich, ohne eine Überlegenheit der Häuptlinge». Von Menschenrechten darf man zwar nicht sprechen, falls MONTESQUIEU recht haben sollte, dass «sie ihre Gefangenen verspeisen» *(De l'esprit des lois I 3)*. Aber auch die Verfassungsväter von Virginia verstanden unter «Menschen» weniger alle Mitglieder der biologischen Gattung Homo sapiens als die weissen Plantagenbesitzer, dabei vornehmlich die Männer und kaum die Sklaven und die Indianer.

Den zweiten Zweifel entkräften wir also nicht bloss mit dem Hinweis auf den gestiegenen Handlungsbedarf, sondern auch mit realen Gegenbelegen. Wenn sie deren Bedingungen erfüllt, so steigen die Chancen der Vision Weltrepublik. In der Tat hat sie erstens Rechtscharakter und ist sie zweitens subsidiär. Drittens ergänzt sie nur, ersetzt aber nicht, die weiterhin existierenden «nationalen» oder auch grossregionalen Gemeinwesen und deren reiches Netz einer Bürgergesellschaft; sie ist also komplementär und föderal. Viertens beruht die Weltrepublik auf konsensfähigen Regeln von der Art der Menschenrechte, die fünftens gegen kulturelle Besonderheiten schon vom Begriff her indifferent sind und, im Unterschied zum Projekt «Weltethos durch Religionsgespräche», sich sechstens im basalen Zivilisationsrahmen von sakralen Elementen abkoppeln. Weder wird die Menschenwürde religiös begründet noch verlangt, einer Religion anzuhängen oder gar, eine einmal übernommene Religionszugehörigkeit auf ewig zu bewahren. Siebentens konzentriert sie sich auf das infrage stehende Koexistenzproblem und basiert achtens auf Gleichberechtigung.

Für das römische *ius gentium* kommt die Eigentümlichkeit hinzu, dass die Verantwortung nicht bei einer internationalen, sondern einer nationalen römischen Behörde, dem Fremdenprätor, liegt. Man muss es paradox formulieren: Als ein Weltrecht, das weder von einer Weltorganisation beschlossen noch von ihr durchgesetzt wird, ist das *ius gentium* ein «nationales Weltrecht». Dieser neunte Faktor drängt nun einen weiteren, dritten Zweifel auf: Die Weltrepublik sei ein Mammutunternehmen, das wegen seiner Grösse und Unübersichtlichkeit unregierbar sei. Die Antwort darauf erweitert unsere Bescheidenheit:

Für Liechtenstein – 28 500 Einwohner – ist die Schweiz mit sechseinhalb Millionen riesig und die USA mit 260 Millionen ein Ungetüm, zu schweigen von Indien und China. Wenn aber ein Gemeinwesen wie die Vereinigten Staaten sich regieren lässt, obwohl es fast zehntausendmal so gross wie Liechtenstein und immerhin noch fast vierzig Mal so gross wie die Schweiz ist, dann kann der *dritte* Zweifel zwar ein gewisses Recht haben, aber kein schlagendes Gegenargument sein. Statt eines absoluten Vetos findet sich nur ein relatives und zugleich konstruktives Veto: Die Vision Weltrepublik bleibt erlaubt, sogar geboten – vorausgesetzt, sie verhindert die Unregierbarkeit und zugleich deren

Überkompensation, eine zu hohe Bürokratisierung oder gar einen Überwachungsstaat. Denn nur davor, aber nicht vor einer liberalen Weltrepublik empfinden viele eine beinahe apokalyptische Angst.

Für die Frage, wie deshalb die Weltrepublik genau aussehen soll, braucht es politische Phantasie und zugleich Erfahrung. Beide legen schon jetzt zweierlei nahe. Einerseits ist die Weltrepublik nicht zu etatistisch zu verstehen, sondern, wie gesagt, die globale Bürgergesellschaft als ein wesentliches Bauelement anzusehen. Andererseits empfiehlt es sich, politische Einheiten von kontinentaler oder subkontinentaler Grösse einzuschieben. Nach dem Muster der Europäischen Union können sie die meisten Probleme im «eigenen Haus» behandeln und müssten der globalen Ordnung nur den wahrhaft globalen Handlungsbedarf überantworten. Dieser reicht aber immerhin vom Kampf gegen Terrorismus und Kriminalität, soweit sie die Grenzen der Unionen überschreiten, über die Errichtung einer Weltfriedensordnung, die sowohl innerhalb als auch zwischen den Unionen gilt, über soziale und ökologische Mindestkriterien, vielleicht auch ein Weltkartellamt und eine globale Bankenaufsicht bis zur Errichtung von Weltgerichten, wie dem Weltstrafgericht. Die Antwort auf den *dritten* Zweifel heisst jedenfalls: Weltbürgergesellschaft plus grossregionale Zwischeneinheiten.

Nach dem *vierten* Zweifel setze eine Weltrepublik die grosse politische Errungenschaft, die Menschenrechte aufs Spiel. Denn bisher vermochte nur der Einzelstaat, diese Rechte zu gewährleisten.

Dieser Einwand ist erneut nicht ganz falsch, aber nur zu einem Drittel wahr: Ohne Zweifel werden im Westen die Menschenrechte vornehmlich von den einzelnen Staaten geschützt. Das zweite Drittel erinnert aber daran, dass der Westen die Rechte zunächst einmal gefährdet: Frankreich verfolgte die Hugenotten;

die USA wurden mangels britischer Religionstoleranz gegründet; und derselbe Staat erlaubte die Sklaverei bis weit über die Mitte des 19. Jahrhunderts. Nach dem letzten Drittel der Wahrheit, dem Grundsatz der weltstaatlichen Subsidiarität, muss sich die Weltrepublik dort, wo die Menschenrechte schon geschützt werden, zurückhalten. Für die erste und grundlegende Rechtssicherung bleiben nämlich die Einzelstaaten verantwortlich, denen der Rang von Erst- oder Primärstaaten gebührt. Die Weltrepublik ist dagegen nur ein Sekundärstaat, im Fall grossregionaler Zwischenstufen sogar lediglich ein Tertiärstaat ist.

Staaten und ebenso grossregionale Unionen, die sich auf eine liberale Demokratie verpflichten, verfügen nämlich über eine Legitimität, die sie nicht zu einer Auflösung verpflichtet. Mancherorts liebt man zwar, den Einzel- bzw. Nationalstaat für überholt zu erklären. In Wahrheit ist er trotz verheerender Perversionen nur wegen bedeutender Leistungen zum weltweit dominanten Modell aufgestiegen. Beispielsweise folgt aus seiner Trennung von Staat und Gesellschaft die religiöse und wirtschaftliche Freiheit der Individuen. Die Wirtschaft mit ihrem materiellen Wohlstand wiederum ist ebenso wie die moderne Verwaltung ohne jene kommunikative Integration der Bevölkerung kaum denkbar, die erst dem Einzelstaat gelingt. Auch die Erneuerung der europäischen Bildung und Wissenschaft, die Hebung des Bildungs- und Ausbildungsniveaus aller Bürger und die Entwicklung des Sozialstaates sind zivilisatorische Leistungen mit einzel-, teilweise sogar streng nationalstaatlichen Wurzeln. Weiterhin gibt der Einzelstaat dem Gedanken der Grund- und Menschenrechte Raum, führt die Volkssouveränität und das allgemeine Parlament ein und beseitigt nach der Leibeigenschaft auch ständische Privilegien und die Rechtsungleichheit der Frau. Nicht zuletzt wächst die Ergänzung, gelegentlich auch Konkurrenz zu den staatlichen Institutionen, die Bürgergesellschaft, zunächst in den Einzelstaaten heran und hilft, dass diese noch immer viele Aufgaben selber und dann bürgernäher und effizienter lösen.

Aus derartigen Gründen spricht die Philosophie der Weltrepublik nur einem helfenden (subsidiären) und ergänzenden (komplementären) Rang zu. Und seinetwegen gibt sich die Philosophie hier keinem süssen Traum hin, der die Wirklichkeit der Welt zurechtbiegt. Ohnehin verspricht sie nicht jene Fülle des Wohlergehens, die die Religionen «Heil» nennen und zu Recht nicht für diese Welt erwarten. Die geforderte Weltrepublik ist ein Ideal, zu dessen Verwirklichung die Menschheit rechtsmoralisch verpflichtet ist und zu dem sie sich, glücklicherweise, schon kräftig auf den Weg gemacht hat. Denn längst ist das blosse Neben- und Gegeneinander der Staaten von einem dichten Netz wirtschaftlicher, wissenschaftlicher und kultureller, selbst politischer, gelegentlich sogar ökologischer Zusammenarbeit abgelöst worden.

Ein Grossteil entspricht zwar einem politischen Zuwenig, dem Ultraminimalstaat, denn es fehlt an exekutiver Macht. Und der Singular, der eine Ultraminimalstaat, ist einem Plural gewichen, einer sowohl regional als auch thematisch («sektorial definierte Rechtsregimes») komplexen Vielfalt. Auch zeichnet sich dabei noch keine gemeinsame Staatsmacht ab. Es kann sogar offen bleiben, ob die Weltrepublik je eine einheitliche Spitze und ein monolithisches Zentrum braucht. Ein Teil der genannten Verträge tritt aber durch ihre verbindlichen Erklärungen in legislative Aufgaben ein, so dass man von Ansätzen und Äquivalenten einer Gesetzgebung, also einer «soft legislation», sprechen kann. Dort, wo internationale Inspektionen, überdies abgestufte Sanktionen vorgesehen sind, beginnen exekutive Befugnisse, mithin eine «soft executive power», mit der sich der Abbau staatlicher Hoheitsrechte fortsetzt. Erweitert wird dort, wo man zusätzlich internationale Schieds- oder sogar Gerichtsinstanzen, also eine «soft jurisdiction», einrichtet. Nimmt man nun all diese Elemente zusammen, so haben wir schon jetzt zarte Ansätze einer «soft world republic».

Die zweifellos vorhandenen Gegenbewegungen darf man nicht unterschlagen, weder die zentrifugalen Kräfte wie den wachsenden Regionalismus und Nationalismus, wie die Rassenkonflikte und ideologischen oder religiösen Streit, noch das Beharren der Mächtigen, namentlich der USA, auf hegemonialen Sonderrechten. Man darf aber auch die Gegenkräfte nicht überschätzen. Einerseits stossen die USA an Grenzen ihrer Weltmachtspläne. Andererseits geht von einer grossregionalen Verbindung, der Europäischen Union, eine Ausstrahlung aus, die zumindest grossregionale Zwischeneinheiten als hochattraktiv erscheinen lässt.

Es geht hier nicht um eine Bilanz; ohnehin gibt es kaum verlässliche Messkriterien und Daten. Die geschichtliche Entwicklung bestätigt die empirische Skepsis gegen eine Weltrechtsordnung aber nicht, und schon gar nicht kann sie sich auf einen «Konsens in den Sozialwissenschaften» berufen.

Nach dem *fünften Zweifel* gebe es für den Schutz der Menschenrechte ein einfacheres Mittel, die Demokratisierung aller Staaten. Gemäss der These «globaler Friede durch globale Demokratisierung» könne man sich mit einer Weltdemokratisierungspolitik begnügen, so dass eine Weltrepublik überflüssig werde.

Zweifelsohne schützt die liberale Demokratie die Menschenrechte schon innerstaatlich. Wie aber die Europäische Menschenrechtskommission diesen Schutz noch einmal überprüft, so empfiehlt sich vor allem dort noch eine globale Menschenrechtskommission, wo die Menschenrechte nicht durch lange Übung schon so gut wie selbstverständlich geschützt werden. Vor allem bleiben die Staaten selbst zu schützen: ihre territoriale Integrität und ihre politische und kulturelle Selbstbestimmung. Zur einschlägigen Gefahr, dem Angriffskrieg, hat die Politikwissenschaft zwar die berühmte These Kants aufgegriffen, Republiken, das heisst in etwa Demokratien, seien zu einem Angriffskrieg wenig geneigt.

(*Zum ewigen Frieden,* 1. Definitivartikel, VIII 351). Trotzdem mahnt die Geschichte zur Skepsis.

Die junge französische Republik überzog Europa mit Krieg und verfolgte dabei ein klares Herrschaftsinteresse. Die noch ältere Republik, die Vereinigten Staaten von Nordamerika, breiteten sich nach Westen fast ohne Rücksicht auf die Ureinwohner aus. Überdies annektierten sie Texas und verleibten sich nach einem Krieg mit Mexiko sowohl Arizona, Nevada und Utah als auch Kalifornien und Neu-Mexiko ein. Ebensowenig liess sich Grossbritannien durch die Entwicklung in Richtung einer Republik an seinen Weltmachtsplänen, der Ausweitung des Commonwealth, hindern.

Zu den Gründen gehört, dass KANTS Argument, das aufgeklärte Selbstinteresse, nicht immer gegen den Krieg spricht. Kriege, die in der Ferne stattfinden, bedrängen die Bürger weniger und noch einmal weniger Kriege gegen einen deutlich schwächeren Feind. Ferner lenken Kriege von innenpolitischen Schwierigkeiten ab. Ausserdem lässt sich an – fremden – Kriegen gut verdienen. Nicht zuletzt gibt es Rechtsprobleme unterhalb der Kriegsschwelle. Infolgedessen hat der fünfte Einspruch erneut nur die Kraft eines konstruktiven Vetos: Der Rechts- und Friedensschutz, den schon die weltweite Demokratisierung zustandebringt, bleibt ihr überlassen. Wie schon die Individuen, so haben aber auch die Staaten einen Anspruch, dass allfällige Konflikte nicht durch Macht, sondern Recht entschieden werden, weshalb es einer weltweiten Rechtsordnung mit öffentlichen Gewalten bedarf.

Gemäss dem *sechsten Zweifel* setze eine Weltrechtsordnung als gegeben voraus, was tatsächlich fehle: ein global gemeinsames Rechtsempfinden, ein Weltrechtsbewusstsein.

Dass es schon im Westen daran mangelt, zeigen etwa die weit höheren Schadenersatzsummen in den Zivilprozessen der USA und die Unterschiede der beim Strafprozess zulässigen Beweismittel. Schärfere Unterschiede zeigen sich in der Einstellung zur Todesstrafe, zu Leibesstrafen und zum Umgang mit Dissidenten. Über den Unterschieden darf man aber wesentliche Gemeinsamkeiten nicht übersehen: Die Gebote der Gleichheit und der Unparteilichkeit sind zumindest in der Rechtsanwendung global anerkannt. Dasselbe gilt für Verfahrensregeln von der Art «man höre auch die andere Seite» oder für die Unschuldsvermutung. Ferner werden in so gut wie allen Rechtsordnungen dieselben Grund-Rechtsgüter geschützt: Leib und Leben, Eigentum und Ehre. Ausserdem dürfen weder Masse und Gewichte verfälscht noch Urkunden gefälscht werden und wird, etwa als Verbot von Brunnenvergiftung und als Institut der Bannwälder, die lebensnotwendige Umwelt geschützt. Nicht zuletzt belegen die Menschenrechtsverträge der Vereinten Nationen noch weit mehr Gemeinsamkeiten. Es fehlt «nur», aber auch immerhin an der Bereitschaft, die Gemeinsamkeiten unparteilich und wirksam durchzusetzen. Das konstruktive Veto fällt deshalb fast banal aus: Das Weltrechtsbewusstsein braucht zwar noch Zeit, um sich zu entfalten. Die schon bestehenden Gemeinsamkeiten sind jedoch so gross, dass sie Weltgerichte möglich gemacht haben: den Internationalen Gerichtshof, das Internationale Seegericht und – trotz des Vetos der USA – das Weltstrafgericht.

Bei den Weltgerichten herrscht erneut das Prinzip Subsidiarität. Die Weltgerichte ersetzen nicht die nationale Gerichtsbarkeit. Sie verlängern sie aber nach oben, über ein grossregionales Gericht wie den Europäischen Gerichtshof hinaus zu einer globalen Gerichtsbarkeit. Im Übrigen muss man sich schon unten, auf «nationaler» Ebene ändern und ein mit dem Gedanken der Menschenrechte rundum verträgliches, insofern «nationales Weltstrafrecht» schaffen.

Nach dem *siebenten* und hier letzten *Zweifel* drohe im Zeitalter der Globalisierung eine Nivellierung, der man durch eine Stärkung der Besonderheiten gegensteuern müsse, auf dass der gesellschaftliche und kulturelle Reichtum der Welt und vor allem die daran gebundene Identität der einzelnen Menschen gewahrt bleibe.

Es ist richtig, dass viele Einzelstaaten, auch Grossregionen aus einer gemeinsamen Geschichte, ihrer bestimmten Tradition, Kultur und Sprache oder einer wohldefinierten Mehrsprachigkeit leben und eigenen Vorstellungen von einem guten Gemeinwesen folgen. Die Staaten haben sogar ein Recht darauf, ein Recht auf einzelstaatliche Besonderheit und Differenz. Dieses Recht bekräftigt das Prinzip der weltstaatlichen Subsidiarität und widerspricht dem (hyper-)globalistischen Vorschlag, die Weltrepublik an die Stelle der Einzelstaaten zu setzen und nach dem Muster des antiken Rom die Staaten zu Provinzen in einem staatlich homogenen Weltreich zu degradieren.

Das hier zuständige konstruktive Veto gibt dem Einwand Recht, aber erneut nur zu einem Drittel: Die Menschen haben das Recht auf kollektive Eigenarten als da sind Geschichte, Tradition und Religion, Sprache, Kultur und gemeinsame Vorstellungen vom Guten. Weil deren Vielfalt den Reichtum der Menschheit mehrt und vor allem der Identität der einzelnen dient, besteht ein Interesse, das Recht kräftig wahrzunehmen und Nivellierungsgefahren entgegenzutreten, die etwa von einer imperial auftretenden Kultur ausgehen. Nach dem zweiten Drittel sind die derzeit bestehenden Einzelstaaten aber kein Selbstzweck, sondern Einheiten, die um der Menschen willen bestehen und um ihretwillen sich neu zusammensetzen und auflösen dürfen. Und nach dem letzten Drittel sind weder die Staaten noch fremde Bürger dem universalen Rechts- und Demokratiegebot enthoben. Um das hier einschlägige Prinzip, den Föderalismus, zu stärken und der Gefahr eines Demokratiedefizits entgegenzusteuern, empfiehlt sich eine Doppelstrategie: Einerseits gebe man Kompetenzen nicht unnötig aus der Hand; die Beweislast liegt bei der Forderung des Abgebens. Andererseits sind die neuen Instanzen und Institutionen nach unten anzubinden, insbesondere müssen sie rechenschaftspflichtig sein.

Für die Legitimation einer demokratischen Weltordnung gibt es drei Strategien. Nach der exklusiven Bürgerlegitimation geht der Weltstaat aus dem Willen eines die gesamte Weltbevölkerung umfassenden, globalen Staatsvolkes hervor. Weil die Individuen die letzte Instanz der Rechtfertigung bilden, könnte man diese Strategie für angemessen halten. Dagegen spricht aber das Recht auf Einzelstaatlichkeit, verbunden mit dem Umstand, dass die Interessen einer Gruppe, auch die eines Staates, sich nicht auf die Summe der Interessen der Mitglieder verkürzen lassen.

Weil die Einzelstaaten sowohl die Interessen der einzelnen Bürger als auch die Interessen der Bürgerschaft als Gesamtheit vertreten, könnte man sich daher für eine exklusive Staatenlegitimation einsetzen. Dagegen sprechen aber «staatenkreuzende Zugehörigkeiten» wie etwa Religion, Sprache und Beruf, anspruchsvolle Hobbies oder politisch-soziale Interessen, die von Organisationen wie Amnesty International oder Ärzte ohne Grenzen gebündelt werden. Beispielsweise kann man sich dem deutschen Sprachraum zuordnen, trotzdem Muslim und Schweizer sein, ohnehin Schachspieler und Bergsteiger.

Daher drängt sich eine dritte, kombinierte Strategie auf. Ihr zufolge rechtfertigt sich die Weltrepublik sowohl seitens der Bürger als auch der Staaten, und alle Gewalt des Weltstaates geht von seinem doppelten Staatsvolk aus: von der Gemeinschaft aller Menschen und der aller Staaten. Diese Doppelstrategie muss sich in der Organisation niederschlagen. Wie im Verfassungsentwurf der Europäischen Union könnte man von einer «Union der Staaten und Völker» sprechen. Das höchste Organ, der Weltgesetzgeber als Weltparlament, muss jedenfalls aus zwei Kammern bestehen, aus einem Welttag als der Bürgerkammer und einem

Weltrat als der Staatenkammer. Über deren genaue Zusammensetzung, auch die Komplikation, die aus den grossregionalen Unionen folgt, braucht man sich aber noch keine Gedanken zu machen. Dass Liechtenstein nicht dasselbe Gewicht wie Indien oder China erhält, versteht sich, welches Gewicht genau, wird man politisch entscheiden, beispielsweise nach der Wurzel der Bevölkerung: Für eine gewisse Einheit von Bevölkerung gibt es eine Stimme, für die vierfache Bevölkerung zwei, für die neunfache drei Stimmen usw.

Ziehen wir Bilanz: Die Weltordnung, nach der die Menschheit in ihrer Rechts- und Friedenssehnsucht verlangt, die ihr überdies rechtsmoralisch aufgegeben ist, hat den Charakter einer subsidiären, komplementären und föderalen Weltrepublik. In ihr sind wir Weltbürger, aber nicht in einem exklusiven, gegen Einzelstaaten feindlichen Verständnis. Mit einem Gefühl moralischer Überlegenheit sagt der exklusive Kosmopolitismus: Ich bin nicht Deutscher, Franzose oder Schweizer, sondern lediglich Weltbürger. Hier ersetzt das Weltbürgerrecht das «nationale» Bürgerrecht; man ist Weltbürger *statt* Staatsbürger. Diesem Entweder-Oder, «entweder einzelstaatlich oder aber kosmopolitisch», entzieht sich die komplementäre Weltrepublik. Ihr Bürgerrecht löst das nationale Bürgerrecht nicht ab, sondern tritt ergänzend hinzu. Ausserdem schiebt es die grossregionale Einheiten dazwischen.

Bei Karl Kraus (1917/1955, 444) lesen wir: «Eine Heimat zu haben, habe ich stets für rühmlich gehalten. Wenn man dazu noch ein Vaterland hat, so muss man das nicht gerade bereuen, aber zum Hochmut ist kein Grund vorhanden, und sich gar so zu benehmen, als ob man allein eines hätte und die anderen keines, erscheint mir verfehlt.» Jedenfalls wird es eine neue, bislang unbekannte mehrfache Bürgerschaft geben. Die Sehnsucht danach könnte in Verbindung mit der Sehnsucht nach globalem Frieden und globaler Gerechtigkeit die Menschheit inspirieren, die Vision Weltrepublik zu realisieren:

Ob man primär Deutscher, Franzose oder Italiener ist und Europabürger erst danach, werden die Demokratien Europas in den nächsten Jahren zu entscheiden haben. Primär ist man jedenfalls eines von beiden, sekundär das andere, folglich in gestufter Weise beides zusammen, und tertiär ist man Weltbürger: Bürger der subsidiären und föderalen Weltrepublik.

Literatur

ARISTOTELES: Topik. Über die sophistischen Widerlegungsschlüsse, gr.-dt., übers. v. E. Rolfes, Hamburg 2001.

GOSEPATH, S./MERLE J.-C. (Hrsg.) 2002: Weltrepublik. Globalisierung und Demokratie, München.

HÖFFE, O. 2002: Demokratie im Zeitalter der Globalisierung, München.

HÖFFE, O. 2004: Wirtschaftbürger – Staatsbürger – Weltbürger. Politische Ethik im Zeitalter der Globalisierung, München.

KANT, I. 1795: Zum ewigen Frieden, in: Kants Werke. Akademie-Textausgabe, Berlin, Bd. VIII, 341–386.

KASER, M. 1993: Ius gentium, Köln u. a.

KRAUS, K. 1917: Beim Wort genommen, Schriften, hrsg. v. H. FISCHER, München 1955, Bd. 3; orig. in: die Fackel Nr. 445–453 (18. Januar 1917), 2. Auflage (Quartalsheft), 14.

LUTZ-BACHMANN, M./J. BOHMANN (Hrsg.) 2002: Weltstaat oder Staatenwelt? Für und wider die Idee einer Weltrepublik, Frankfurt/M.

MONTESQUIEU CH.-L. DE 1949: De l'esprit des lois, in: Oeuvres complètes, Bd. II, Paris, 227–995; dt. Vom Geist der Gesetze, übers. u. hrsg. v. E. Forsthoff, Tübingen 1951.

MORGAN, L. 1851: League of the Ho-dé-no-sau-nee or Iroquis, Rochester.

SAINT-EXUPÉRY, A. DE 1959: Citadelle, 6e édition, Paris 1956.

TEUBNER, G. 2003: Globale Zivilverfassungen: Alternativen zur staatszentrierten Verfassungstheorie, in: Zeitschrift für ausländisches öffentliches Recht und Völkerrecht 63, 1–28.

TOOKER, E. 1978: The League of the Iroquois: Its History, Politics, and Ritual, in: Handbook of North American Indians, Bd. 15, Washington, 418–441.

WEBER, M. 31971: Politik als Beruf (1919), in: J. Winckelmann (Hrsg.), Gesammelte Politische Schriften, Tübingen, 505–560.

Christoph Bertram

Weder multi- noch unipolar: Das Dilemma internationaler Ordnung im 21. Jahrhundert

Selten hat es eine solche Inflation von Ankündigungen einer neuen Weltordnung gegeben wie in dieser Zeit. Dabei haben wir eher Grund, ein hohes Mass an Weltunordnung zu registrieren. Die Globalisierung der Unsicherheit, die mit dem 11. 9. 2001 ein für alle Mal eingeläutet wurde – die schlichte Erkenntnis nämlich, dass nicht nur Kommunikation, Kapital und Kommerz keine geographischen Grenzen mehr kennen, sondern auch die Konflikte nicht – wird durch die ausgreifende Fragilität an den Rändern unserer stabilen Region noch greifbarer, erfahrbarer und gefährlicher. Ob Staatsverfall verbunden mit Atomwaffen wie in Südasien, ethnische, religiöse und Entwicklungskrisen wie in Zentralasien, im Nahen Osten und Afrika – um uns herum finden Umbrüche und Konflikte statt, deren Auswirkungen sich nicht mehr auf die jeweilige Region werden begrenzen lassen. Und obgleich unsere Politiker und Bürokraten im Chor mit akademischen und wirtschaftlichen Lobbies so aufmunternd von Krisenprävention und Entwicklungspolitik als Antwort auf die neuen Herauforderungen reden, so nüchtern müssen wir doch feststellen, dass wir in Wahrheit weder wissen, wie wir damit fertig werden sollen, noch – wenn wir es wüssten – dafür die erforderlichen materiellen Opfer in unserem eigenen Wohlbefinden zu bringen bereit wären. Die Krise im Irak, dessen Verfall in Bürgerkrieg oder auch nur andauernde Instabilität die europäischen Sicherheitsinteressen sogar noch mehr berühren würden als die der USA, sind nur die jüngste, gewiss nicht die letzte Warnung.

1 Weder Pole noch Netze

Zur Bescheidenheit ist deshalb Anlass gegenüber allen derzeit herumgereichten Gesamtkonzepten internationaler Ordnung, sollten sie auch nur für die nächsten zehn Jahre, geschweige denn unser gerade erst begonnenes Jahrhundert gelten. Es gibt heute und auch in absehbarer Zukunft keine unipolare, keine multipolare und keine multilaterale Weltordnung, so verlockend es auch sein mag, die heutige Welt in ein berechenbares System zu pressen.

Es gibt keine unipolare Ordnung, in der die USA als die einzige Weltmacht gleichsam der zentrale Pfeiler des Erdenzelts wäre, und es wird keine geben. Der Grund ist banal, und nicht erst, seit die bisher erfolglose Befriedung des Irak die Grenzen auch der stärksten Militär-Nation offenbart hat. Das ist keineswegs Anlass zur Erleichterung oder gar Schadenfreude: Sollte Amerika nicht nur Probleme, sondern eine regelrechte Demütigung im Irak erfahren, wäre damit seine internationale Autorität insgesamt angeschlagen, sein Wille zum internationalen Engagement infrage gestellt. Daran kann niemand in Europa ein Interesse haben; ein starkes, sich internationalen Herausforderungen stellendes Amerika bleibt für jeden Ansatz internationaler Ordnung unerlässlich.

Dennoch ist die Lektion, die der Irak den Washingtoner Ideologen erteilt hat, so unabweisbar wie nützlich. Während es gemeinhin kaum mehr als ein halbes Jahr dauert, bis eine mit der Entschlossenheit, alles anders zu machen, an die Macht gelangte neue Administration in Washington sich den Realitäten internationaler Politik anpasst, dauerte dieser Prozess bei der Regierung BUSH über zwei Jahre, weil der 11. September 2001 die Ideologen zunächst zu bestätigen schien. Jetzt aber kann Washington den Realitäten nicht mehr entkommen. Und weder kennen noch anerkennen diese eine einzige Macht, die allein das internationale

Geschehen ordnen könnte. Eine unipolare Weltordnung ist seit dem Untergang des römischen Imperiums eine Chimäre.

Das bedeutet aber keineswegs die Alternative, nämlich eine multipolare Weltordnung. Zwar gibt es neben den Vereinigten Staaten andere in der internationalen Politik gewichtige Länder. Aber aus dieser Banalität folgt keineswegs eine bestimmende Ordnung. Auch im Europa des 17.–20. Jahrhunderts gab es mehrere Grossmächte. Eine stabile Ordnung hat unser alter Kontinent jedoch nur in den ziemlich kurzen Phasen erlebt, in denen sie sich einer gemeinsamen Gefahr von aussen oder innen ausgesetzt sahen, die zur Zusammenarbeit zwang. Im Übrigen aber errichteten sie weder eine gemeinsame Ordnung für Europa, noch strahlten sie Stabilität darüber hinaus aus. Macht allein schafft eben noch keinen «Pol», dazu bedarf es eines gemeinsam getragenen und durchgesetzten Systems, dessen Regeln und Institutionen von allen Beteiligten anerkannt werden.

Daran fehlte es in der alten Welt, daran fehlt es auch heute im globalen Massstab. Welche wichtigen Staaten oder Staatengruppen empfinden heute überhaupt so etwas wie eine gemeinsame verbindliche Verpflichtung für eine internationale Ordnung, die sie dann auch noch zu Gunsten des Ganzen gegenüber den eigenen Partikularinteressen oder gar weniger gewichtiger Staaten durchsetzen würden! Selbst die grösste Annäherung an multipolare Bedingungen im Völkerrecht, das besondere Veto-Recht der fünf ständigen Mitglieder des UN-Sicherheitsrates, sagt nichts aus über eine von diesen gemeinsam zu schaffende positive Ordnung, sondern räumt lediglich jedem einzelnen von ihnen das Recht ein, ihm unerwünschte Entscheidungen zu verhindern. Das ist nicht mehr als eine selbstverständliche Verneigung vor der Realität, dass das Völkerrecht nicht gegen die mächtigeren Mitglieder der Staatenwelt durchgesetzt werden kann. Zum Umkehrschluss auf eine von diesen Staaten getragene Ordnung gibt die UN-Charta keinen Anblass.

Auch der Begriff der multipolaren Weltordnung stellt sich entweder als Wunschdenken oder, schlimmer noch, als politisches Schlagwort heraus, das nicht auf die Errichtung einer gemeinsamen Ordnung als vielmehr – durchsichtig genug – auf die Abwehr der Dominanz der einzig verbliebenen Weltmacht Amerika abzielt. Es findet sich denn auch vornehmlich in russisch-chinesischen Kommuniqués oder französischen Sonntagsreden, so als ob automatisch eine bessere Ordung für die Welt erwachsen würde, wenn Amerikas Macht durch Gegengewichte eingeschränkt würde. Das könnte allenfalls dann zutreffen, wenn die USA damit einer gerechteren, stabileren Ordnung unterworfen würden. Die aber haben die genannten Protagonisten multipolarer Ordnung weder parat, noch wären sie ernsthaft bereit, sich selbst einer solchen zu unterwerfen.

Während die Vision einer unipolaren Welt sich wenigstens noch als ideologischer Traum entpuppt, entlarvt sich die der multipolaren Weltordnung als nicht mehr denn ein machtpolitisches Kampfwerkzeug. Eine faire, belastbare internationale Ordnung halten beide nicht bereit.

Mit dem Ruf nach einer multilateralen Ordnung steht es leider nicht anders, auch wenn diese idealistisch statt ideologisch, auf internationale Macht-Teilung statt auf nationale Machtdurchsetzung ausgerichtet ist.

Gerade darin aber liegt ihre grösste Hürde. Denn Multilateralität bedeutet nun einmal Souveränitätsverzicht. Dies ist in einzelnen, klar begrenzten Bereichen internationaler Zusammenarbeit inzwischen möglich, etwa in der Welthandelsorganisation WTO oder in spezifischen Aktionen der UNO. Um als umfassendes Ordnungsmodell zu taugen, das alle Staaten – gross und klein – einbinden kann, verlangt Multilateralität jedoch eine immens starke Binnen-Struktur, um nationale Souveränitätsansprüche in gemeinsame Schranken zu weisen. Wie schwierig dies bereits gegenüber Kleinstaaten ist, braucht einem Schweizer Publikum nicht in Erinnerung gerufen zu werden; gegenüber denen, die sich gross dünken oder auch sind, ist es erst recht illusionär. Das liegt nicht nur an der Uneinsichtigkeit der Staaten, die auch dann noch an einer vermeintlichen Souveränität in internationalen Dingen festhalten, wenn diese angesichts wachsender internationaler Abhängigkeiten längst zur inhaltsleeren Geste geworden ist. Es liegt auch daran, dass sie einer multilateralen Ordnung nicht den gleichen Schutz ihrer Interessen zutrauen; wie schwierig dieses Vertrauen selbst in einem so engen Verbund wie der Europäischen Union wächst, demonstrieren die Auseinandersetzungen um eine europäische Verfassung ausreichend und bedrückend zugleich. Wieviel mühseliger, ja: wohl aussichtlos, wird es auf absehbare Zeit sein, die wichtigstens Mitglieder der internationalen Staatengemeinschaft aus allen Enden des Globus zu selbst sehr viel geringerer Selbstbindung zu verpflichten!

Die als umfassende Lösungen angebotenen Konzepte internationaler Ordnung halten der Prüfung somit nicht stand. Sie eignen sich allenfalls, um das Verständnis dafür zu schärfen, was in Zukunft an internationaler Ordnungspolitik tatsächlich möglich werden könnte.

2 Bescheidene Schritte zu ehrgeizigem Ziel

Das Ergebnis kann, wenn wir mit uns selbst ehrlich sind, nicht anders sein. Wir sind durch die im Nachhinein noch verklärten Jahrzehnte des Kalten Krieges in Versuchung geraten, das Zusammenleben von fast 200 Staaten auf der Erdkugel unter eine umfassende Ordnung stellen zu wollen. Aber wie sehr dies in der Geschichte der Staaten Ausnahme und nicht Regel war, bestätigt sich heute wieder. Ordnung im internationalen Dschungel zu schaffen, das heisst, wenn man es wirklich ernst nimmt, geduldig und unbeirrt die Sappen zu graben und voranzutreiben, wie in der Belagerungstaktik von einst, um hier und da die Unordnung zurückzudämmen. Das wird selten ohne Konzessionen an reale Machtverhältnisse, selten ohne Einbussen an hehren Idealen geschehen können. Umso wichtiger ist es, das Ziel nicht aus den Augen zu verlieren und sich eben nicht mit den bestehenden Zuständen abzufinden. Von denen ist nur eins gewiss: sie führen in immer grössere Kalamitäten.

Was also wäre notwendig, um die Realitäten so zu verändern, dass sie der Vision internationaler Ordnung näher kommen? Sieben Schritte werden hier vorgeschlagen, ohne jeden Anspruch der Vollständigkeit, eher der Hoffnung, dass andere sie noch vervollständigen mögen.

2.1 Was sind die Gefahren?

Der erste dieser Schritte muss die nüchterne Prüfung der Umstände sein, die internationale Ordnung heute besonders gefährden. Wie weit unsere öffentliche Diskussion davon entfernt ist, zeigt der kurze Blick auf die gängigen politischen Reden. Da ist die Rede von einem die Erde umspannenden Kampf gegen den Terrorismus, der sich Waffen der Massenvernichtung aneignen und die Welt in ihren Grundfesten gefährden könne. Ganz abgesehen davon, dass noch immer die Macht der Staaten stärker gewesen ist als die gewalttätiger nicht-staatlicher Herausforderer, oder dass der Einsatz von Fluzeugen gegen Wolkenkratzer oder von Lastwagen voller Sprengstoff nicht zufällig die bisher extremsten Terrorwaffen gewesen sind: nicht alle Arten von Terroristen sind eine internationale Gefahr, und nicht alle sogenannten Massenvernichtungswaffen sind für terroristischen Einsatz geeignet. Das unkritische Vermengen von Begriffen zeigt nur auf, wie schludrig die sicherheitspolitische Debatte inzwischen geführt wird.

Nicht alle Terroristen sind solche mit «internationaler Reichweite», wie die Al Qaida-Bande, die von Afghanistan aus New York und Washington angriff. Damals war dies auch für Präsident BUSH noch das Unterscheidungsmerkmal, um die neuen Feinde von den vielen Gruppen und Grüppchen zu unterscheiden, die zur Durchsetzung begrenzer politischer Ziele ihre zerstörerische Gewalt gegen staatliche Ordnung und oft staatliche Unterdrückung einsetzen – in der palästinensischen Westbank und Gaza, in Tschetschenien, Kaschmir, Kolumbien oder heute im Irak. Es war eine wichtige, ja zentrale Unterscheidung, weil sie nicht alle terroristischen Gruppen in einen Topf warf, sondern nach Motiv und Mitteln unterschied und damit auch die Bekämpfung erst ermöglichte. Inzwischen sind diese Unterscheidungsmerkmale aus Gründen des politischem Opportunismus längst verwischt, können sich die Herren PUTIN, SHARON oder KAMIROV brüsten, auch sie stünden im Kampf gegen den Terror Seite an Seite mit den Vereinigten Staaten. Nur wird durch die Einbeziehung aller dieser terroristischen Aktivitäten die gewiss nicht zu verniedlichende Gefahr des *internationalen Terrors* zu einer übermächtigen inflationiert, die sie in Wahrheit nicht ist – und damit auch eine schlüssige Abwehrstrategie erschwert, wenn nicht gar verhindert.

Sowie nicht alle Terroristen solche mit internationaler Reichweite und Motivation sind, sind auch nicht alle sogenannten Massenvernichtungswaffen gleich zerstörerisch und gleichermassen einsetzbar. Wenn Generäle bisher vor dem aktiven Einsatz chemischer und biologischer Waffen fast immer zurückgeschreckt sind, dann nicht aus Angst vor moralischer Verurteilung, sondern wegen deren sehr begrenztem militärischen Nutzen. Terrorgruppen werden die Schwierigkeiten des Einsatzes – Abhängigkeit von Wind und Wetter, Ungenauigkeit der Wirkung – noch weniger überwinden können als militärische Organisationen. Und Atomwaffen sind seit ihrer Erfindung nur zweimal eingesetzt worden. Vielleicht schrecken Staaten ja eher als Terrorgruppen davor zurück, den Abscheu der ganzen Menscheit, der dem Einsatz folgen würde, auf sich zu ziehen. Aber so einfach, wie mancher Science-Fiction-Autor sich das vorstellt, ist die Entwicklung einer Atombombe und ihr kontrollierter Einsatz für eine nichtstaatliche Einrichtung nicht. Beides verlangt vielmehr aktive staatliche Unterstützung, und die ist kaum geheim zu halten und zudem für den staatlichen Sponsor mit hohen Risiken verbunden. Die Verlautbarungen unserer Regierungen suggerieren derzeit etwas ganz anderes. Sie sollten rasch die Proportionen wieder zurechtrücken, wenn die Bürger nicht in Schreckensvorstellungen getrieben werden sollen, gegen die Regierungen hilflos erscheinen müssen.

2.2 Den Stabilitätsraum ausweiten

Nüchternheit bei der Einschätzung der Gefahren ist der erste Schritt. Auf ihr baut der zweite auf: Wenn wir hier in der Mitte Europas besser gegen die Globalisierung der Unsicherheit gefeit sein wollen, gibt es dafür kein besseres Mittel als die Erweiterung unserer Stabilität auf unsere Nachbarn. Je mehr stabile Staaten zwischen uns und den ferneren Gefahren liegen, desto grösser die Chance erfolgreicher Abwehr.

Deswegen war und ist die Erweiterung von NATO und Europäischer Union sinnvoll und der Sicherheit in Europa dienlich. Sie bedeutet einen immensen Stabilitätsgewinn. Die Aufnahme der zehn vornehmlich osteuropäischen Staaten, die ab Mai 2004 der EU beigetreten sind, stellt den grössten Erfolg gemeinsamer europäischer Aussen- und Sicherheitspolitik dar.

Diese Erwägung gilt auch für die umstrittene Frage einer türkischen Mitgliedschaft in der EU. Von den internen Problemen einmal abgesehen, die sich für die Integration der Türkei in Europa stellen – und sie sind im Zweifel geringer, als von vielen zur Zeit befürchtet –, die aussenpolitischen Vorteile der Aufnahme der

Türkei in die EU liegen auf der Hand: die Union würde damit Einfluss auf die angrenzende Region erhalten, die für die Stabilität des Nahen Ostens wie für die Befriedigung europäischer Energie-Bedürfnisse gleichermassen entscheidend ist. Ob am Ende der bevorstehenden langen Verhandlungen die Türkei schliesslich Voll-Mitglied der Union werden wird, bleibt allerdings ungewiss; gut möglich, dass sich dann eher die Türkei als Europa-fähig erweisen wird denn die Europäer als Türkei-fähig. Die Wahrscheinlichkeit, dass in den dann bevorstehenden Volksabstimmungen der Beitritt von allen bis dahin rund 30 EU-Staaten gebilligt werden wird, ist aus heutiger Sicht gering. Aber nur dann, wenn der Verhandlungsprozess mit dem Ziel des Beitritts geführt wird, wird ein Scheitern der Aufnahme nicht zu tiefer Verbitterung zwischen der Türkei und Europa führen.

Das Mittel, durch Ausweitung des Stabilitätsraumes die eigene Sicherheit zu erhöhen, gilt nicht nur für Europa, auch andere folgen dieser Strategie: Russland mit dem ehemaligen Sowjetgebiet, Pakistan in Afghanistan, Indien in Süd-Asien. Auch dies sind zumindest kurzfristig stabilisierende Prozesse, selbst wenn sie – anders als die Ausweitung der Europäischen Union – andere Länder nicht als gleichberechtigte Partner einer regionalen Gemeinschaft einbeziehen und deshalb längerfristig für neue Spannungen den Keim legen.

2.3 Demokratisierung ermutigen

Demokratische Gemeinwesen sind wenigstens nicht durch das Problem der Regime-Nachfolge immer wieder neuen Ungewissheiten ausgesetzt und verfügen deshalb über eine ausserhalb des Westens nicht selbstverständliche Berechenbarkeit und Stabilität. Wer internationale Ordnung will, tut deshalb gut daran, das Netz zu diesen Staaten fester zu knüpfen: zu Indien, der bevölkerungsmässig grössten Demokratie der Welt; zu Taiwan, dem demokratischsten Teil Chinas; zum Iran, dessen Bevölkerung im letzten Jahrzehnt immer wieder bewiesen hat, dass sie die Bevormundung durch nicht frei gewählte religiöse Führer nicht als legitim anerkennt. Die Ausgrenzung des Iran durch die Regierung BUSH erscheint ebenso wie die Reduzierung der Beziehungen auf die Nuklearfrage unter diesem Aspekt, von dem gemeinsamen Interesse an irakischer Stabilität ganz zu schweigen, ein schwerer strategischer Fehler.

2.4 Den Verfall von Staaten erschweren

Verfallende Staaten sind Brutstätten für Unterdrückung, Vertreibung, Bürgerkrieg, Kriminalität und Stützpunkte für übergreifenden Terrorismus. Staaten gegen Verfall zu stärken, ist deshalb ein zentrales Mittel internationaler Ordnungspolitik.

Das läuft, zugegeben, der herrschenden Neigung im Westen entgegen, die bei fragwürdigen Staaten in dem Durchgriff in innerstaatliche Umstände das beste Mittel zum Schutz von Menschenrechten sieht. In der Tat lässt sich seit einer Reihe von Jahren in der Politik, aber auch im Völkerrecht beobachten, wie sehr heute das traditionelle Schutzobjekt, der souveräne Staat, zurückgedrängt wird zugunsten des neuen Schutzobjektes, des einzelnen Bürgers. Sogar der UN-Sicherheitsrat erkennt zunehmend Konflikte innerhalb von Staaten als mögliche Gefährdung des internationalen Friedens an.

Das ist an sich begrüssenswert und entspricht der Erkenntnis, dass staatliche Regime, die die elementaren Rechte ihrer Bürger missachten, dadurch nicht nur wider international verbriefte Werte handeln, sondern auch den Keim für künftige Konflikte legen. Dennoch muss angesichts der Globalisierung der Unsicherheit auch umgekehrt gefragt werden, ob halbwegs funktionierende Staatswesen für die internationale Ordnung wie für das

Wohlergehen ihrer Bürger nicht vorteilhafter sind, selbst wenn sie Rechte dieser Bürger beschränken oder gar verletzen. In einem verfallenden Staat ist der Schutz der Mehrheit der Bürger im Zweifel geringer als in einem despotischen Staat, ohne eine gewisse innerstaatliche Ordnung, selbst wenn sie von Willkür nicht frei ist, gibt es überhaupt keinen Bürgerschutz!

Entwicklungspolitik sollte deshalb dort, wo Staaten selbst brüchig sind, vornehmlich darauf gerichtet sein, die Staatsstruktur zu stärken, nicht sie durch Intervention in innere Angelegenheiten weiter auszuhöhlen. Dabei wird die Entscheidung nicht leicht fallen, ob im Einzelfall die grössere Gefahr von dem Missbrauch oder dem Fehlen staatlicher Gewalt ausgeht. Und natürlich wird es gegenüber einem Regime, das sich extremer, systematischer Verletzung von Menschen- und Bürgerrechten schuldig macht, keine Duldung geben dürfen. Aber neben den wenigen Extremsituationen dieser Art gibt es die Vielzahl von weniger eindeutigen Fällen. Hier wird die Abwägung im Interesse internationaler Ordnung so ausfallen müssen, dass die Staatserhaltung Vorrang vor der dem Schutz von Individualrechten erhält.

2.5 Militärischen Zwang nicht missachten

Die nächste Sappe in der Belagerungsstrategie gegen internationale Unordnung, ist, wie könnte es anders sein, der Einsatz militärischer Zwangsmittel. Wie unfertig unser Nachdenken über die Bedingungen internationaler Ordnung noch immer ist, zeigt sich gerade daran, dass dieser Aspekt von manchen gar an die erste Stelle gesetzt wird. Da gehört er nicht hin. Aber er darf auch nicht mit dem banalen Hinweis beiseite geschoben werden, militärische Mittel seien nur begrenzt beeignet, Odnung zu erzwingen. Die gängige Formel, sie seien nur als «ultima ratio» zu erwägen, führt ebenfalls in die Irre: die grösste Wirkung militärischer Macht beruht häufig in dem Einfluss, den die frühzeitige Drohung des Einsatzes auf den politischen Entscheidungsprozess im Zielland hat, weniger im militärischen Losschlagen – das, nicht die Drohung, ist allenfalls ultima ratio! Denn es geht ja darum, die Willensbildung im Zielland so zu beeinflussen, nicht diesen Willen auszuschalten.

Der jüngste Irak-Konflikt hat das aufs Neue verdeutlicht. Als Druckmittel, um den UN-Inspektoren ihre Arbeit zu ermöglichen, war der amerikanische Aufmarsch am Golf höchst erfolgreich. Zur Etablierung eines stabilen Irak hat er allenfalls die eine Voraussetzung, nämlich die Beseitigung der widerlichen SADDAM-Herrschaft, geschaffen, die andere, nämlich die Errichtung einer legitimen und handlungsfähigen staatlichen Autorität im Lande, bisher nicht verwirklicht.

Auch zu dem vorgegebenen Motiv, der Beseitigung etwaiger irakischer Massenvernichtungswaffen, hat der Militäreinsatz angesichts ihres Fehlens nichts beigetragen, ja durch die Disqualifizierung geduldiger Inspektionen die Kontrolle der Proliferation anderswo gar erschwert. Ob es die Angst vor einem Militärschlag war, die den Iran und Lybien in den letzten Wochen des Jahres 2003 zur Einwilligung in kontrollierte Selbstbeschränkung bei diesen Waffen veranlasste, ist zumindest zweifelhaft; für beide war es wohl eher der Anreiz, damit die Wirtschaftsbeziehungen ihrer Länder zum Westen zu verbessern bzw. nicht zusätzlich zu gefährden.

Militärische Zwangsmittel gehören ins Gesamt-Spektrum der Interventions- und Ordnungsinstrumente; sie entfalten ihre optimale Wirkung, wenn sie in dieses Spektrum integriert sind. Deshalb sind auch traditionelle Konzepte für ihre politische Wirkung im Zeitalter globalisierter Unsicherheit keineswegs überholt. Feinde, auch terroristische Feinde, lassen sich, wenn es nicht gerade der Selbstmordattentäter als letztes Glied der Kette ist, weiterhin durch Drohungen militärischer Vergeltung abschrecken, unsichere Kantonisten durch Containment in die Schranken weisen. Wer «Präemption», in Wahrheit militärische Prävention – also vorbeugende Angriffe – zum zulässigen Mittel machen will, wird überzeugender als bisher dartun müssen, dass er über hinreichend verlässliche Informationen über unmittelbar bevorstehende Gefährdungen verfügt, die einen solchen Schritt zumindest als angebracht, wenn auch nicht unerlässlich erscheinen lassen. Nach der nachrichtendienstlichen Selbsttäuschung führender westlicher Regierungen im Irakkonflikt wird die Glaubwürdigkeit derartiger Rechtfertigungen nur schwer zurückgewonnen werden.

2.6 Klotzen, nicht Kleckern

Internationale Ordnungspolitik erfordert die Bereitschaft, die entsprechenden Ressourcen bereitzustellen. Das heisst zum einen natürlich mehr Geld: was die reichen Staaten den armen an Entwicklungshilfe pro Jahr leisten (etwa 50 Milliarden US$), nehmen sie ihnen doppelt an Erschwerungen für den Marktzugang ihrer Güter wieder ab (etwa 100 Milliarden US$). Besserer Zugang zu den Märkten der OECD-Staaten wäre ohnehin die effektivere Hilfe zur Entwicklung der Entwicklungsländer. Aber ohne eine darüber hinausgehende materielle Förderung werden die Infrastrukturdefizite in vielen dieser Länder fortbestehen. Wer internationale Ordnung will, muss dafür mehr Geld ausgeben. Zumeist versuchen die Staaten des Westens es auf die billige Art.

Er muss nicht nur mehr Geld, er muss auch mehr Ordnungskräfte, vor allem Soldaten und Polizisten, bereitstellen. Die mächtigen USA, stellt sich im Irak heraus, haben nicht genügend Truppen, um die Besatzungsaufgaben dort über länger als ein Jahr wahrzunehmen und zugleich ihre Sicherheitsinteressen anderswo militärisch wahrzunehmen. Die immer noch stärkste Militärorganisation der Welt, die NATO, kann gerade einmal 30 000 Mann für Kriseneinsätze jenseits der eigenen Grenzen zur Verfügung stellen. Bei allen anderen Staaten sieht es ähnlich, wenn nicht noch dürftiger aus.

Dabei wächst der Bedarf an einsatzfähigen internationalen Ordnungshütern rapide. Zu den Anforderungen der weiterhin den Schutz auswärtiger Truppen benötigenden Balkan-Staaten kommen die beiden jüngsten Brandherde, Irak und Afghanistan, hinzu. Im Nahen Osten – wenn es je zu einer einvernehmlichen Lösung zwischen Israel und den Palästinensern kommt – und in Afrika, dem neuen Krisengebiet, wird der Bedarf wiederum erheblich sein. In den militärischen Planungen für morgen wird es nicht nur, nicht einmal in erster Linie, um die Bereitstellung von Einheiten für hochtechnische Kampfaufgaben gehen, sondern darum, die Zahl der einsatzfähigen Ordnungskräfte zu vermehren, die Regionen stabilisieren, Bürgerkriege schlichten, beim Staatsaufbau unterstützen können. Auch hier also gilt: ohne mehr Anstrengung als bisher ist internationale Ordnung nicht zu haben.

2.7 Institutionen sind nicht alles, aber ohne sie ist alles nichts

Die kontinuierliche Pflege und der Ausbau internationaler Institutionen bleibt eine Kernbedingung internationaler Ordnung: ohne sie mögen einzelne Operationen hier und da Erfolg haben, von Bestand wird dies aber nicht sein. Grosse, aber auch viele kleine Staaten verhalten sich so, als seien die bestehenden Organisationen wie ein Bankkonto, von dem man immer nur abheben kann, das man aber nie auffüllen muss; Institutionen werden ausgenutzt, solange sie funktionieren, aber in ihren Erhalt wird selten investiert. Angesichts dieser Erfahrung ist die Durchhaltefähigkeit der UNO oder der Welthandelsorganisation WTO schon erstaunlich: Trotz des so verbereiteten kurzsichtigen nationalen Eigennutzes stehen sie immer bereit, wenn die grossen Staaten sie nutzen wollen. Dennoch ist auch hier eine Schwächung internationaler Ordnungsregime zu beobachten. Ausgerechnet die USA, früher die mächtigen Sponsoren internationaler Institutionen, haben unter der Präsidentschaft von GEORGE W. BUSH der Welt vorgemacht haben, wie man diese nur opportunistisch nutzen und sie damit um ihre Autorität bringen kann; andere, mindere Staaten leisten dem Beispiel gern Folge. Internationale Institutionen, die von der einzigen Weltmacht nicht mitgetragen werden, können sich nicht entfalten; das Kyoto-Protokoll oder der internationale Strafgerichtshof bleiben leere Buchstaben, wenn Amerika sich ihnen entzieht. Deswegen müssen jene Staaten, die sich, wie etwa die der EU, für multilaterale Verfahren und Organisationen einsetzen, bemüht sein, diesen Ansatz nicht durch Vorschläge zu gefährden, deren Annahme durch die USA keine Aussicht auf Erfolg hat. Mit Prinzipienreiterei ist wenig zu gewinnen, allenfalls mit schlauer Diplomatie, die die Interessen und Vorurteile Amerikas mit einbezieht. Das haben zumal die europäischen Regierungen in der Vergangenheit nicht immer genügend beherzigt.

Nun bleibt die Autorität globaler Institutionen ohnehin fragil, wenn sie nicht auch von funktionierenden regionalen Organisationen ergänzt und bestätigt wird. Es gibt für die Vorhersage künftiger Konflikte eine Faustregel: immer dort, wo Staaten nicht durch regionale Zusammenarbeit gelernt haben, gemeinsam gemeinsame Interessen zu verfolgen, droht früher oder später eine kriegerische Auseinandersetzung. Die EU ist das erfolgreichste Modell dieser Art regionaler Zusammenarbeit, allerdings in seinen Anforderungen an nationalen Souveränitätsverzicht auch das ehrgeizigste. Das andere europäische Modell, die Sicherheitskonferenz KSZE (und OSZE), ist exportfähiger: in den Nordosten Asiens, für das Verhältnis der Staaten auf dem indischen Sub-Kontinent, im Nahen Osten. Aber nicht die Treue zum europäischen Vorbild ist entscheidend, sondern die Bereitschaft der Staaten in diesen und anderen Regionen, sich auf einen Prozess einzulassen, in dem die Verfolgung gemeinsamer Interessen zum jeweils nationalen Interesse wird. Internationale Ordnungspolitik heisst, diese Prozesse von aussen zu fördern.

3 Die transatlantische *conditio sine qua non*

Sieben Schritte, die bescheiden klingen, dennoch alle sehr viel mehr von unseren stabilen und intakten Staaten verlangen, als diese bisher zu leisten bereit sind – an materiellen Anstregungen, vor allem aber auch an konzeptionellem Umdenken. Sie bieten auch gebündelt – und einzeln greifen sie ohnehin nicht – keine Garantie erfolgreicher internationaler Ordnungspolitik. Aber vielleicht können sie den Vormarsch der Fragilität bremsen, ihn hier und da sogar umkehren.

Allerdings muss dazu eine Bedingung hinzukommen, die im Vorstehenden zwar angedeutet ist, aber klipp und klar formuliert werden muss: ohne die enge Zusammenarbeit zwischen Amerika und Europa, zwischen den Staaten des Westens, kann es internationale Ordnung nicht geben.

Denn dem Westen ist ein ungewöhnliches Wesenselement zueigen: die Vorstellung von einer auf Gleichberechtigung und Fairness beruhenden internationalen Ordnung. Es unterscheidet ihn auch in dieser Hinsicht von allen anderen Nationen und Nationen-Bünden. Hier liegt der entscheidende Grund, warum es ohne Westen und ohne westliches Zusammenwirken eine solche internationale Ordnung nicht geben wird.

Der skeptische Beobachter der transatlantischen Verstimmungen der jüngsten Zeit wird einwenden, allzu viel Gemeinsamkeit zeichne die heute gängigen europäischen und amerikanischen Vorstellungen von den Grundzügen internationaler Stabilität und Gerechtigkeit nun wirklich nicht aus, vielmehr gerade der

Dissens über die richtige künftige Ordnung der Welt. In einem Sinne ist diese Skepsis in der Tat angebracht. Während europäische Regierungen sich unter der Fahne eines amorphen Multilateralismus sammeln, setzen die Vereinigten Staaten unverblümt unter der Administration von Präsident GEORGE W. BUSH auf die ordnende, notfalls einseitig ausgeübte Kraft des mächtigsten Staates der Welt.

Aber beides – Multiteralismus wie Unilateralismus – sind Instrumente, nicht selbstragende Ziele. In den Zielen sind sich beide Konzepte eng verwandt: Stabilität in der Staatenwelt wird es nur geben, wenn die Staaten ihre Legitimität aus der Zustimmung ihrer Bürger beziehen und gemeinsame Regeln einhalten. Was für die einen Good Governance, ist für die anderen die Ausbreitung der Demokratie. Schon jetzt ist abzusehen, dass auch dieser Unterschied kaum noch aussagefähig ist. Denn einen ernsthaften Einwand gegen die Ausbreitung demokratischer Regierungen in möglichst vielen Ländern, bereits von den liberalen Internationalisten Clintons formuliert und von den Neo-Wilsonianern der Bush-Administration noch zusätzlich ideologisch aufgerüstet, wird Europa nicht formulieren können.

Der Einwand der alten Welt richtet sich denn auch weniger gegen das Ziel als gegen die Methode. Die neo-konservativen Ideologen der ersten Amtszeit von Präsident GEORGE W. BUSH wollen Störenfriede internationaler Stabilität ausgrenzen und notfalls mit militärischer Macht gefügig machen. Die klare Präferenz der meisten Europäer liegt in Zähmung durch Einbeziehung – nicht in erster Linie, wie ROBERT KAGAN in seinen weit überschätzten Thesen behauptet, weil dies die Strategie der Schwachen wäre, sondern weil dies die Grunderfahrung der europäischen Erfolgsgeschichte der zweiten Hälfte des 20. Jahrhunderts ist, von der Integration Westeuropas bis zum Zerfall der Sowjetunion und der wiedergewonnen Freiheit Osteuropas.

Die atlantische Differenz ist eine über Mittel, nicht über Ziele. Am Ende streben alle Staaten des Westens eine internationale Ordnung nicht lediglich des Gleichgewichts an, sondern eine harmonisches Zusammenleben grosser und kleiner Staaten unter gemeinsamen, von allen mitgetragenen und respektierten Regeln an. Etwas anderes lässt sich auch nicht aus der oft herrischen Weise ableiten, mit der die USA die Regeln des Völkerrechts für ihren Geschmack und Bedarf zurechtzubiegen versuchen. Denn zugleich bemüht sich die gleiche Regierung, ihr Handeln völkerrechtlich zu legitimieren – und sei es durch eine sehr unilaterale Auslegung, die sich des ja nicht ganz abwegigen Arguments bedient, angesichts veränderter internationaler Umstände sei auch das Völkerrecht anpassungsbedürftig. Der Wunsch, das eigene internationale Auftreten in einen Rechtsrahmen zu stellen, ist dennoch offensichtlich. Und auch wenn die Neo-Wilsonianer in Mr. BUSH's Washington vorerst noch mit der Ausbreitung der Demokratie beschäftigt sind, können sie für das künftige Zusammenleben der «guten» Staaten die Notwendigkeit gemeinsamer rechtlicher Regeln und Institutionen nicht leugnen, wenn denn die USA erst einmal auf ihre Art Ordnung geschaffen haben; die Europäer wären besser beraten, sie auf dieses künftige Erfordernis festzunageln, als sich durch die ständige Beschwörung des Multilateralismus dem Verdacht auszusetzen, es gehe ihnen um den Erhalt fragwürdiger Regime.

Eine internationale Ordnung, die immer mehr demokratische Staaten unter gemeinsamen Regeln zusammenführt, ist gemeinsame westliche Vision. Was immer man von der Realisierbarkeit dieser Vorstellungen halten mag, an ihrer Wünschbarkeit kann es keinen Zweifel geben. Und bezeichnenderweise haben sie auf der Welt ausser den Staaten des Westens keine anderen Fürsprecher. Nicht Russland, das internationale Ordnung als Beschränkung anderer, nicht seiner selbst versteht. Nicht China, das so regional bezogen ist, dass selbst ferne Ereignisse nur in ihrer möglichen Präzedenzwirkung für die eigene Machtperipherie gewertet werden. Nicht Indien, das längst den Ehrgeiz abgelegt hat, in der Bewegung der «nicht-gebundenen Staaten» ein universelles Modell zu entwickeln. Nicht Brasilien, dessen internationale Bemühungen allenfalls dem Ziel der eigenen Anerkennung dienen. Eine Vorstellung globaler Ordnung, welche die eigene Macht zugunsten der Mitwirkung anderer einschränkt, hat keine dieser vier potentiellen Weltmächte vorzuweisen. Sie ist das Monopol des Westens.

4 Europa: Notwendiger Partner der unersetzlichen Macht

Nun folgt aus dieser Grund-Übereinstimmung des aus Europa und Nordamerika bestehenden Westens über das Fernziel nicht unbedingt die Notwendigkeit ihres Zusammenwirkens bei der Herstellung und Erhaltung der von beiden angestrebten internationalen Ordnung. Sie folgt vielmehr aus der Unfähigkeit jedes von ihnen, sie auf sich allein gestellt zu verwirklichen.

Für Europa und seine permanent unfertige EU steht dies ausser Zweifel. Zwar verfügt die Union über eine Bandbreite aussenpolitischer Einflussmittel wie keine andere Macht der Welt, von den USA abgesehen. Aber die Tatsache, dass hier historisch gewachsene, stolze Nationalstaaten den Zusammenschluss vollziehen müssen, zeigt die Grenzen gemeinsamen strategischen Handelns auf. Selbst wenn die im neuen Verfassungsvetrag vorgeschlagenen neuen Institutionen und Verfahren zur Sicherung aussenpolitischer Handlungseffizienz am Ende geschaffen und genutzt werden – und wünschenswert ist dies allemal –, eine strategische Weltmacht, die notfalls mit militärischen Zwangsmitteln entschlossen ihre Vorstellungen internationaler Ordnung durchsetzt, wird am Ende nicht entstehen. Und um gegen Amerika eine internationale Ordnung zuwege zu bringen, fehlte es den europäischen Staaten allemal sowohl an Zusammenhalt wie an Durchsetzungskraft, vom Interesse ganz abgesehen.

Umgekehrt sind die Vereinigten Staaten für sich alleine nicht fähig, internationale Ordnung zu stiften – sie brauchen dazu ein handlungsfähiges Europa. Der Grund liegt nicht nur in dem Umstand, dass auch die Verknüpfung des grössten militärischen mit dem grössten ökonomischen Potential in einer Nation nicht ausreicht, mit den tieferen Krisen globalisierter Unsicherheit fertig zu werden, geschweige denn eine globale internationale Ordnung zu schaffen und zu erhalten. Amerika braucht vielmehr Europas Mitwirkung, nicht nur Verbrämung, damit seine Macht als Beitrag zu internationaler Gerechtigkeit angenommen und nicht als imperiale Anmassung übelgenommen werden soll. Europa legitimiert amerikanische Macht. Es ist gerade ihr Mangel an traditioneller strategischer Durchschlagskraft, der die in der EU zusammengefügten Staaten zum «indispensible ally» der «indispensible power» macht.

Denn erst die Verbindung mit dem durch Mitwirkungsinstitutionen und nicht militärische Schlagkraft international einflussreichen Europa kann amerikanischer Weltordnungspolitik den sonst unvermeidbaren und Gegengruppierungen anstachelnden *haut gout* imperialer Ausbreitungsgelüste nehmen. Europa bedroht niemanden. In dieser Eigenschaft liegt ja auch die Erklärung für das in der Geschichte sonst unbekannte Phänomen, dass die stete Ausweitung der Aussengrenzen der Union – von dem EG-Klein-Europa der sechs Gründernationen zu der vom Nordmeer bis in den Nahen Osten (wo sonst liegt Zypern?) reichenden 25er-Union von heute – nie zur Formierung von Gegenallianzen geführt hat: die EU wurde nie als Gefahr, sondern stets als Anziehungspol verstanden.

Es ist eine wertvolle Mitgift, die sie in die atlantische Ehe einbringt. Nur wenn Amerika und Europa gemeinsam die Prinzipien internationaler Ordnung formulieren und verfechten, werden diese nicht automatisch als egoistische Machtmanöver des Westens verworfen werden. Nur dann haben ihre Vorstellungen Aussicht darauf, von den anderen Mitgliedern der Völkergemeinschaft als halbwegs faire Ordnung akzeptiert zu werden.

5 Das Dilemma internationaler Ordnung

Nach den Zerwürfnissen um das Irak-Abenteuer der USA stehen heute die Chancen nicht schlecht, das der notwendige und der unersetzliche Partner wieder zusammenwirken können. In Amerika hat die Realität die Ideologie in die Schranken verwiesen. Aber auch in Europa wächst die Erkenntnis, dass die Welt jenseits der EU ohne aktives europäisches Engagement eine stabile Ordnung nicht finden wird. Für beide ist dies ein schwerer Abschied, es war so schön in der eindeutigen Welt der Ideologie! Jetzt, wo ohne diese Eindeutigkeit gehandelt werden muss, werden die Grenzen des Machbaren sichtbar, ragen die Dilemmata heraus, werden die Doppelstandards zum Standard.

Das Kerndilemma für den Westen ist nicht neu, es ist schon aus dem Kalten Krieg bekannt: Soll Ordnung oder soll Gerechtigkeit der Massstab westlicher Bemühungen um nachhaltige internationale Stabilität sein? Langfristig ist Ordnung ohne Gerechtigkeit ein Widerspruch, kurzfristig der Ruf nach mehr Gerechtigkeit ein berechtigter Angriff auf die bestehende, oft ungerechte Ordnung.

In den Zeiten drohender Unordnung, in denen wir uns befinden, wird Ordnung Vorrang vor Gerechtigkeit haben müssen, ohne dass diese als langfristiges Ziel aufgegeben werden darf – wie in der Ostpolitik des Westens, welche die Anerkennung der bestehenden Grenzen mit der Anerkennung der Menschenrechte verband und so den sanften Zusammenbruch der Sowjetunion möglich machte.

Bruno S. Frey*

Eine flexible Weltordnung für die Zukunft

1 Notwendige Flexibilität

Hinsichtlich der zukünftigen Weltordnung ist nur eines sicher: Wir wissen wenig oder nichts darüber, wie die Zukunft aussehen wird. Deshalb sind flexible Lösungen erforderlich. Ich möchte in diesem Beitrag *zwei Vorschläge zur Flexibilisierung* der Weltordnung vortragen:

1. Die Menschen sollten *selbst auswählen* können, welchen Organisationen sie als Bürger oder Bürgerinnen angehören wollen, und sie sollten die bürgerliche Zugehörigkeit nach Bedarf ändern können.
2. Das staatliche Angebot sollte sich an der *Geografie der Probleme* orientieren; deshalb sind entsprechende funktionale Einheiten zu ermöglichen, deren Grösse sich variabel an die Erfordernisse anpasst.

Diese Vorschläge sind unorthodox und widersprechen völlig überlieferten Vorstellungen. Die freie Wahl der bürgerlichen Zugehörigkeit bricht radikal mit dem Monopolanspruch heutiger Staaten auf «ihre» Bürger. Die Organisation von staatlichen Einheiten entsprechend den (in der Zukunft) auftretenden Problemen steht in hartem Gegensatz zur Konstruktion der heutigen Nationalstaaten. Es wird deshalb nicht einfach sein, den Leser oder die Leserin vom Sinn derartiger flexibler Lösungen zu überzeugen. Der Autor ist sich auch bewusst, dass die Vorschläge gegenwärtig wenig Chance haben verwirklicht zu werden. Verhin-

---

* Institut für Empirische Wirtschaftsforschung an der Universität Zürich, Blümlisalpstr. 10, CH-8006 Zürich, e-mail: bsfrey@iew.unizh.ch, homepage: www.bsfrey.ch

dert wird dies nicht nur durch die Last der Geschichte und der Gewohnheiten, sondern vor allem auch durch das Interesse der Politiker, die von den heutigen Arrangements profitieren.

Die gegenwärtige Weltordnung ist durch zwei grosse Entwicklungen geprägt.

Erstens haben sich die *Vereinigten Staaten als einzige Weltmacht* etabliert. Sie dominieren Politik, Wirtschaft, Wissenschaft und Kultur. Sie drücken dem internationalen Recht ihren Stempel auf – oder können es straflos ignorieren. Vor allem aber sind die Vereinigten Staaten militärisch dominant. Sie können problemlos Länder angreifen und innert kurzer Zeit besiegen. Diese Weltstellung ist allerdings mit gewaltigen Kosten verbunden. Der Kampf gegen den Terrorismus, den die USA vor allem militärisch führen, ist wenig erfolgreich und möglicherweise sogar kontraproduktiv (vgl. FREY 2004a). Die für diese Kriegsführung erforderlichen Ressourcen an Menschen und Material kommen teuer zu stehen. Der Widerstand gegen Amerika als Weltmacht wächst gleichzeitig. Er zeigt sich in Form nicht zu unterdrückender Anschläge durch Terroristen, aber auch anderer Staaten, die die Verletzung etablierter internationaler Normen nicht hinnehmen wollen. Einige Beobachter argumentieren deshalb, dass die USA bereits zu weit gegangen ist und ihr expansiver Drang sich nicht aufrechterhalten lasse (so z.B. TODD 2003). Der Vergleich mit Rom als der über Jahrhunderte dominanten Weltmacht scheint verfehlt. Deutlich wird auf jeden Fall, dass sich eine amerikanische Weltordnung nicht auf längere Zeit aufrechterhalten lässt. In der Tat warnen ja auch viele amerikanische Intellektuelle vor dieser Entwicklung. Das Handeln als Weltmacht ist auch innerhalb der Vereinigten Staaten sehr umstritten. Von der Vorstellung, «Amerika» (in Wirklichkeit handelt es sich um einige Politiker einer gewissen Gesinnung) bestimme unilateral die zukünftige Weltordnung, muss wohl Abschied genommen werden.

Die zweite wichtige Entwicklung in der Gegenwart ist die Globalisierung[1]. Sie wird durch die wirtschaftliche Dominanz der USA mitgeprägt, lässt sich aber nicht darauf beschränken.

Globalisierung wird von vielen Leuten oft vehement abgelehnt[2]. Es seien hier sechs besonders wichtige Punkte der Kritik angeführt.

Am wichtigsten ist der Vorwurf, Globalisierung verstärke die *Armut* in der Welt und begünstige vor allem (oder ausschliesslich) die *Reichen.* Werden die 20% reichsten mit den 20% ärmsten Menschen auf der Welt verglichen, hat sich in den letzten 40 Jahren die Ungleichheit in der Tat verstärkt. Im Jahre 1960 erhielten die 20% Reichsten 11-mal soviel und im Jahre 1997 15-mal soviel wie die Ärmsten.

Zweitens wird die Globalisierung für den *Verlust an Arbeitsplätzen* verantwortlich gemacht. Sicherlich gehen *bestimmte* Arbeitsplätze verloren – etwa bei den Herstellern von Schreibmaschinen – gleichzeitig werden aber viele neue Arbeitsplätze in neuen Bereichen geschaffen. Die Angst, der technische Fortschritt schaffe Massenarbeitslosigkeit, ist uralt. Sie war schon in der Frühzeit der Industrialisierung vorhanden, wie die Maschinenstürme zeigen.

Als drittes wird der Globalisierung vorgeworfen sie unterhöhle den *Sozialstaat.* Die grossen Unternehmen nützten die tiefen Löhne in den Entwicklungsländern aus, um billig Waren herstellen zu können. Eng verwandt damit ist die Sorge, Globalisierung bewirke einen *Steuerwettlauf nach unten,* so dass die Regierungen ihre Aufgaben nicht mehr erfüllen könnten. Behauptet wird vor allem ein Rückgang der von Kapitalgesellschaften bezahlten

1 Eine vorzügliche Übersicht und viele Literaturhinweise gibt z.B. KLEINEWEFERS 2002 a,b, c.
2 Vgl. z.B. «Widerspruch», in: *Der Spiegel* 30 (2001): 20–34, wo von den Widerständen, unter anderem auch in gewalttätiger Form, berichtet wird.

Gewinnsteuern[3]. Manche sehen viertens mit der Globalisierung die Macht transnationaler Unternehmen auf Kosten der *Demokratie* zunehmen (so etwa bei HERTZ 2002, GRAY 2002, MARTIN und SCHUMANN 1998).

Der Globalisierung und der damit einhergehenden wirtschaftlichen Tätigkeit wird fünftens eine fortschreitende Zerstörung der *Umwelt* angekreidet. Schliesslich wird behauptet, Globalisierung führe zu einer Uniformierung der *Kultur.*

Diese und von vielen als gesichert angesehenen[4] Übel der Globalisierung veranlassen die Kritiker, nach einem *Weltstaat* zu rufen, der diese Schäden verhindern und beseitigen soll. Gemäss den Vorstellungen der Kritiker soll dieser Weltstaat in Form einer weiter entwickelten UNO:

- die globale «Gerechtigkeit» sichern;
- die Benachteiligten unterstützen; und
- die Mächtigen im Zaume halten.

Diese Vorstellung ist allerdings naiv und widerspricht all dem, was wir über staatliches und politisches Handeln wissen[5]. Ein Weltstaat wird keineswegs die von den Kritikern der Globalisie-

---

3 Vergleiche zu diesen und andern Einflüssen der Globalisierung auf den Staat STRAUBHAAR 1998, SCHULZE und URSPRUNG 1999, SCHALTEGGER und R.L. FREY 2001, FELD 2000.

4 Der Autor ist mit dieser Charakterisierung der Einflüsse der Globalisierung nicht einverstanden. Vergleiche FREY 2003, 2004b, wo anhand empirischer Untersuchungen belegt wird, dass die Globalisierung davon abweichende Auswirkungen hat. Hier sei nur auf die (zentrale) Behauptung eingegangen, dass die Globalisierung die Armut auf der Welt verschärfe. Erfreulicherweise hat sich – gemäss den neuesten Berechnungen von SALA-I-MARTIN (2002a,b) die Armut auf der Welt in den letzten dreissig Jahren tatsächlich wesentlich vermindert. Im Jahre 1970 mussten 20% der Weltbevölkerung mit weniger als einem Dollar pro Tag auskommen; 1998 waren es noch 5%. Der Anteil der Weltbevölkerung, die sich auf 2 Dollar pro Tag beschränken muss, ist in den letzten 30 Jahren von 44% auf 19% zurückgegangen. Die Zahl dieser Armen ist in diesem Zeitraum absolut um 400 Millionen Personen gesunken. Verantwortlich dafür ist das in Teilen von China, Indien und Indonesien einsetzende rasche Wirtschaftswachstum. Auch insgesamt gehörte Asien zu den Gewinnern. In Afrika hingegen hat sich die Armutsquote (weniger als $2 pro Tag) von 22% auf 40% beinahe verdoppelt. Auch wenn bei derartigen Zahlen grösste Vorsicht geboten ist (das gilt immer, auch bei den Zahlen der Globalisierungsgegner), deuten sie doch darauf hin, dass die Globalisierung die Ungleichheit und Armut auf der Welt eher vermindert als vergrössert.

5 Vgl. die Public Choice Literatur, etwa das umfassende Lehrbuch von MUELLER 2003.

rung gewünschten guten Eigenschaften aufweisen. Vielmehr wird er durch ein extremes Ausmass vor allem folgender Aspekte gekennzeichnet sein:

- Die an der Spitze befindlichen Politiker werden über eine *geballte Macht* verfügen, die diejenige nationaler Politiker bei weitem übertrifft. Individuen sind dem Weltstaat hilflos ausgeliefert, insbesondere weil sie sich ihm nicht durch Austritt entziehen können. Die Politiker an der Spitze üben ein uneingeschränktes Monopol gegenüber den Individuen aus, das vor allem für eine hohe Besteuerung ausgenützt werden wird. Der Weltstaat hat wegen seines unbeschränkten Machtbereichs einen ungezügelten Appetit auf immer höhere Einnahmen.
- Der politische Prozess im Weltstaat wird durch ein hohes Ausmass an *«rent seeking»* gekennzeichnet sein. Einzelne organisierte Gruppen, insbesondere NGOs und internationale Unternehmen werden sich durch Lobbying auf Kosten der Unorganisierten (dazu gehören die Konsumenten und die Steuerzahler) erhebliche Vorteile verschaffen. Der Weltstaat wird deshalb nur von der Deklamation her «gerecht» sein; in Wirklichkeit werden bestimmte Gruppen massiv begünstigt werden. Auch einzelne Politiker werden sich am *rent seeking* beteiligen, d.h. es werden sich nicht besonders «gute», sondern besonders machthungrige Personen um die Stellungen an der Spitze der Weltregierung raufen.

Die Ergebnisse eines Weltstaates sind voraussagbar:

- Die *Freiheitsrechte* der Individuen werden stark eingeschränkt sein; die Macht wird bei den Politikern und der staatlichen Verwaltung, insbesondere dem Militär und der Polizei liegen;
- Der Weltstaat wird eine *gigantische Umverteilung* inszenieren, die allerdings nicht die Armen und Benachteiligten begünstigen wird;

- Der Weltstaat wird, ähnlich wie die bereits bestehenden Internationalen Organisationen[6], durch einen hohen Grad an *Ineffizienz* und *Verschwendung* gekennzeichnet sein.

Aus diesen Überlegungen wird deutlich, dass ein Weltstaat kaum ernsthaft gewünscht werden kann, selbst wenn er erreichbar wäre (was höchst fraglich ist). *Was ist jedoch die Alternative zum Weltstaat?*

In diesem Beitrag soll eine Alternative zum Weltstaat vorgeschlagen werden, die nicht die soeben erläuterten negativen Auswirkungen hat.

Ausgangspunkt ist die einfache Überlegung, dass es um Zukunftsprobleme geht. Was in der Zukunft sein wird, ist notwendigerweise unsicher und weitgehend unbekannt. Wir wissen nur, dass sich die Zukunft wesentlich von der Gegenwart unterscheiden wird, aber wir wissen nur unzulänglich, auf welche Weise dies der Fall sein wird. Ein «Global Governance» sollte dies in Rechnung stellen und keine starren Institutionen wie einen Weltstaat vorsehen. Vielmehr sollten möglichst *flexible* Institutionen vorgesehen werden. Flexibilität ist die einzige Möglichkeit, sich gegen das noch Unbekannte zu wappnen. Im Teil 2 wird ein flexible Zugehörigkeit von Individuen zu unterschiedlichen Institutionen, und im Teil 3 werden staatliche Einheiten mit einer flexiblen Ausdehnung vorgeschlagen. Der abschliessende Teil 4 gibt eine Zusammenfassung.

---

6 Dazu Frey und Gygi 1990.

2 Bürger in der globalen Welt

Den Individuen kann ermöglicht werden, sich flexibel den zukünftigen Anforderungen zu stellen, wenn sie sich vom Monopolanspruch des Nationalstaats befreien und *aktiv* eine Wahl treffen können, wessen Bürger[7] sie sein möchten. Bis heute definieren die Nationen im Wesentlichen von sich aus, wer zu ihren Bürgern zählt. Die Individuen können nur sehr begrenzt über den Eintritt und Austritt selbst entscheiden. Vor allem bezieht sich die Bürgerschaft traditionell ausschliesslich auf den *Staat;* andere Zugehörigkeiten werden von vornherein ausgeschlossen.

Der Nationalstaat als einzige Identität des Bürgers ist in der globalen Gesellschaft überholt, weil diese durch eine ausgeprägte Heterogenität in zweierlei Hinsicht charakterisiert ist:

a) Die Präferenzen der Individuen *unterscheiden* sich wesentlich voneinander; sie lassen sich nicht (mehr) allein durch die als homogen gedachte Institution der Nation erfüllen.
b) In einer globalen Gesellschaft fühlt sich ein Individuum in aller Regel *vielen Organisationen* zugehörig; die Nation allein kann auch dieser Präferenz nicht gerecht werden.

Individuen können deshalb Bürger auch von Organisationen ausserhalb der Nation sein. Folgende Möglichkeiten lassen sich denken:

- Individuen sind Bürger *sub-nationaler* Körperschaften wie Regionen, Provinzen oder Gemeinden[8], oder aber *supra-nationaler Körperschaften* wie der Europäischen Union, der NATO, der Weltbank[9] oder der UNO.

---

7 Ausschliesslich aus Gründen der sprachlichen Vereinfachung wird hier der Begriff «Bürger» verwendet; es sind damit auch Bürgerinnen gemeint.

8 Dies gilt bereits für die Schweiz, wo die Bürgerschaft über die Gemeinde definiert wird. Es gibt in diesem Sinne keine «Schweizerbürger».

9 Angehörige der Weltbank reisen bereits heute teilweise mit einem entsprechenden Pass. (Private Mitteilung von DENNIS MUELLER).

- Personen sind Bürger auch in *halb-staatlichen* Organisationen. Dafür kommen viele verschiedene Institutionen in Frage. Ein Beispiel sind Universitäten. Tatsächlich hat im deutschsprachigen Raum der Begriff des «Universitätsbürger» eine alte, aber weitgehend verloren gegangene Tradition. Sie ist hingegen in den Vereinigten Staaten sehr lebendig. Ein Universitätsbürger hat ganz bestimmte Rechte und Pflichten, und vor allem werden Loyalität, Identifikation und Engagement vorausgesetzt, die wesentlich über eine Abwägung individueller Nutzen und Kosten hinausgehen. Ähnlich können Personen mit einer besonderen Affinität zu bestimmten Museen, Opernhäusern oder Orchestern deren Bürger werden.
- Personen sind Bürger *nicht-staatlicher Organisationen* (Non-Governmental Institutions NGOs). Beispiele sind global tätige karitative Organisationen wie das Rote Kreuz, die Médecins sans Frontières, die Heilsarmee oder Kirchen und religiöse Orden wie die Kartäuser oder Jesuiten; Umweltorganisationen wie World Wildlife Fund oder Greenpeace; Organisationen mit humanitären Zielen wie Amnesty International oder Terre des Hommes; schliesslich Vereinigungen mit einer sozialen Ausrichtung wie Rotary Club, Pfadfinder, aber auch Gewerkschaften.
- Personen sind Bürger *privater Organisationen.* Dazu gehören globale funktional orientierte Vereinigungen wie z.B. ICANN (die Internet Co-operation for Assigned Names and Numbers, vgl. dazu ENGEL und KELLER 2000), sportliche (wie die FIFA), künstlerische (wie die Recording Academy, die die Grammy Awards verleiht) oder wissenschaftliche Vereinigungen (wie die International Economic Association). Auch international orientierte Clubs wie Bayern München oder Real Madrid können Personen als Bürger haben, wenn diese ihnen besonders nahe stehen und bereit sind, auch entsprechende Pflichten (insbesondere ein Wohlverhalten innerhalb und ausserhalb der Stadien) zu übernehmen. Viele Personen verfügen über soviel Identität und Loyalität, dass sie derartigen priva-

ten Organisationen freiwillig erhebliche Geldbeiträge für die von ihnen angebotenen öffentlichen Leistungen zukommen zu lassen (selbstverständlich sind diese auch auf andere Einnahmen angewiesen).

- Individuen sind Bürger *gewinnorientierter Firmen.* In der Betriebswirtschaftslehre wird von «organizational citizenship» (z.B. ORGAN 1988, VAN DYNE, GRAHAM und DIENESCH 1994) gesprochen. Grosse Bedeutung wird insbesondere der «corporate citizenship» zugewiesen. Darunter wird das nicht durch Vorschriften erzwungene und über vertragliche Verpflichtungen hinausgehende Verhalten im Interesse der Firma verstanden. Bürgertum ist vor allem für global tätige Firmen wie Nestlé, ABB oder IBM mit einem über die gesamte Welt verstreuten Filialnetz geeignet. Diese können für ihre Bürger viele Aspekte regeln und übernehmen, die sich bisher Nationalstaaten vorbehalten haben, wie etwa eine Arbeitserlaubnis einzuholen, finanzielle Garantien zu geben und Identifikationskarten (Pässe) auszustellen. Entscheidend ist die spezielle Loyalitätsbeziehung des Bürgers zu «seiner» Firma. Diese geht wesentlich über ein Aktionärs-, Kunden- oder Beschäftigtenverhältnis hinaus. Wer nur mit Aktien spekuliert, ist kein Bürger der entsprechenden Firma. Bürger kann nur werden, wer ein Grundvertrauen zu «seiner» Firma hat. Er behält seine Aktien auch dann, wenn es der Firma schlecht geht und Spekulanten längst verkauft haben. Bürger sind auch nicht nur Stakeholder, denn diese verfügen nicht über formale demokratische Mitwirkungsmöglichkeiten, wie sie Bürger besitzen.

In der Zukunft sollte der Begriff des «Bürgers» flexibel gehandhabt werden (vgl. dazu auch MUELLER 1996, TULLOCK 1997). Insbesondere sind folgende Varianten vorstellbar:

- *Temporäre* Bürgerschaft. Eine Person soll wählen können, für welche Periode sie sich in der erforderlichen engen Weise mit einer bestimmten Organisation verbinden will;

- *Multiple* Bürgerschaft. Jedermann kann gleichzeitig Bürger verschiedener Organisationen sein[10].
- *Partielle* Bürgerschaft. Eine Person kann Bürger nur eines Teils einer Organisation, wie z.B. der Sozialversicherung eines bestimmten Staates sein.

Die Idee der Bürgerschaft wird somit wesentlich erweitert und geht weit über die alleinige Beziehung von Personen zum Nationalstaat hinaus. Daraus wird die spezielle Eigenschaft des erweiterten Bürgerkonzeptes deutlich: Es handelt sich um einen *unvollständigen* und *freiwilligen Vertrag* zwischen Individuen und von ihnen gewählten Organisationen. Der Inhalt des Vertrags lässt sich nicht *a priori* festschreiben. Aus diesem Grund ist neben den jeweiligen spezifischen Rechten (insbesondere die Möglichkeit der Beteiligung im Entscheidungsprozess) und Pflichten (insbesondere sich an die beschlossenen Regeln zu halten) die *intrinsische Motivation* für die Bürgerschaft von essentieller Bedeutung. Intrinsische Motivation äusserst sich in Form von Loyalität, Identifikation und Engagement, die gerade dann wirksam werden, wenn der Vertrag nichts oder zu wenig aussagt. Intrinsische Motivation steht im Gegensatz zur extrinsischen Motivation, bei der Menschen auf Grund äusserer (oft monetärer) Anreize für sich selbst Nutzen und Kosten abwägen. In der politischen Philosophie ist die Bedeutung dieser nicht-kalkulatorischen Tugenden *(civic virtues)* im Verhältnis der Bürger zu ihrem Staat seit längerem betont worden (vgl. ausführlich KYMLICKA und NORMAN 2000, BATSTONE und MENDIETA 1999, DAGGER 1997).

Die durch die Bürgerschaft begründete besondere Beziehung zwischen Individuen und Organisationen übt zweierlei Wirkungen aus:

---

10 Im Gegensatz dazu erzwingt die am 1. Januar 2000 in Kraft gesetzte Revision des deutschen Staatsbürgerrechtes eine Entscheidung zwischen der deutschen und der ausländischen Staatsangehörigkeit.

a) Bestehende intrinsische Motivation wird auf *bestimmte* Organisationen *kanalisiert* und die Identifikation damit *gefestigt.* Die betreffende Organisation übernimmt damit eine «expressive» Funktion (vgl. BRENNAN und LOMASKY 1993, JONES and HUDSON 2000) und wirkt normverstärkend. Die Kategorisierung als Bürger und die damit zusammenhängende Identität begünstigt eine Einschränkung des Verhaltens – nämlich andere nicht als Trittbrettfahrer auszunützen – was über eine bewusste Wahl zwischen Alternativen hinausgeht.
b) Potentielle intrinsische Motivation wird *aktiviert* und Bürgertugenden werden *geweckt.* Damit werden auch andere Personen zu Beiträgen zu öffentlichen Gütern animiert und potenzielle Trittbrettfahrer abgeschreckt. Bürgerschaft hilft das Problem des «second order public good» zu überwinden und stärkt die indirekte Reziprozität (FALK und FISCHBACHER 2001, FEHR und GÄCHTER 2000, BOWLES und GINTIS 2001). Eine Person, die diejenigen Organisationen selbst wählen kann, deren Bürger sie sein möchte, erfährt somit einen Motivationsschub. Dieser «Crowding-in» Effekt fusst auf sozialpsychologischen Prozessen (DECI, KOESTNER und RYAN 1999) und wird durch Experimente und ökonometrische Analysen in Feldstudien gestützt (FREY und JEGEN 2001).

Die unmittelbare wirtschaftliche Bedeutung dieser gestärkten Bürgertugenden liegt in der Unterstützung bei der Bereitstellung öffentlicher Güter, sowie der Minderung negativer Auswirkung von Spillovers auf das öffentliche Angebot (vgl. FREY und OSTERLOH 2000 für das entsprechende Verhalten innerhalb von Firmen). Damit wird von der Vorstellung abgewichen, bei Existenz öffentlicher Güter sei vollständiges Trittbrettfahren eine geeignete Erklärung des tatsächlich beobachteten Verhaltens. Ebensowenig wird aber davon ausgegangen, öffentliche Güter würden völlig freiwillig erbracht und es käme ein optimales Angebot zustande. Die Weckung der Bürgertugend bewirkt vielmehr eine *Erhöhung* der Zahlungsbereitschaft für öffentliche Leistungen.

Unterschiedliche Bedingungen haben eine *quantitativ erhebliche* Wirkung auf die *freiwillige* Kooperationsbereitschaft im öffentlichen Raum. Diese Bedingungen lassen sich durch geeignete Wahl von Institutionen systematisch beeinflussen. Insbesondere weisen *Bürger* mit Loyalität, Identifikation und Engagement gegenüber «ihrer» Organisation höhere Bürgertugenden auf und sind deshalb bereit, sich freiwillig zu einem Beitrag zum öffentlichen Gut veranlassen zu lassen. Eine dem menschlichen Verhalten entsprechende Sicht geht somit von einem *«quasi-freiwilligen Beitrag»* zur Finanzierung der öffentlichen Leistungen aus. Trittbrettfahren lässt sich insbesondere dann wesentlich reduzieren, wenn drei Bedingungen erfüllt sind (vgl. OSTROM 1999, 2000):

a) Die Individuen müssen miteinander *interagieren.* Die Möglichkeit verbaler und nicht-verbaler Kommunikation beeinflusst die Bereitschaft zur Kooperation wesentlich. Diese Anforderung wird durch die spezielle Beziehung der Bürger zu «ihren» Organisationen erfüllt.
b) Der *Prozess,* der das Angebot des öffentlichen Gutes regelt, muss von den Beteiligten als gerecht angesehen werden (vgl. dazu die Experimente und Befragungen bei TYLER und BLADER 2000). Auch ökonometrische Daten zeigen die Bedeutung von Institutionen der politischen Teilnahme für die wahrgenommene Prozessgerechtigkeit (FREY und STUTZER 2000, 2002). Die vorgeschlagene Ausweitung des Konzeptes des Bürgers erfüllt genau diese Anforderung, denn ein Bürger hat immer Teilhabe am Entscheidungsprozess.
c) Wer zum Nutzen aller kooperiert, darf nicht durch andere *ausgenützt* werden. Die quasi-freiwilligen Beiträge erfolgen nur *bedingt;* sie sind vor allem davon abhängig, dass sich auch andere Personen in ähnlicher Weise verhalten (vgl. die experimentellen Daten bei KESER und VAN WINDEN 2000, FISCHBACHER, FEHR und GÄCHTER 2000). Die institutionellen Bedingungen müssen deshalb so beschaffen sein, dass auch die andern Bürger zu einem Beitrag angeregt werden.

Die Möglichkeit der Individuen, selbst zu entscheiden, in welchen Organisationen sie als Bürger spezielle Rechte und Pflichten übernehmen wollen, steigert die intrinsische Motivation in Form der Bürgertugenden. Damit wird ein wesentlicher Beitrag zum Angebot öffentlicher Güter geleistet. In einer globalen Wirtschaft, in der in aller Regel Zwangsgewalt nicht wirksam angewandt werden kann, ist eine derartige Kooperationsbereitschaft besonders wichtig. Diese Bereitschaft auf der Nachfrageseite muss durch institutionelle Bedingungen auf der *Angebotsseite* ergänzt werden.

3 Politisches Angebot in der globalen Welt

Die bestehenden nationalen Grenzen sind in einer zukünftigen, globalen Gesellschaft obsolet geworden. Die wirtschaftlichen Beziehungen werden durch die bestehenden nationalen Regelungen gehemmt und diese deshalb vermehrt umgangen. Daraus wird häufig der falsche Schluss gezogen, eine globale Wirtschaft erfordere einen globalen Staat, oder zumindest immer grössere staatliche Einheiten. Diese Folgerung vernachlässigt, dass ein erheblicher Teil öffentlicher Aktivität lokal ist.

Die Spannung zwischen den unterschiedlichen wirtschaftlichen und politischen Anforderungen lässt sich lösen, wenn von den starren Grenzen öffentlicher Körperschaften abgewichen wird: Jede staatliche Tätigkeit soll sich in dem Raum abwickeln, der dafür die geeignete Ausdehnung hat («geography of problems»). Geeignet dafür sind funktionale Körperschaften, die sich gegenseitig überlappen und die für ihre Tätigkeit notwendigen Steuern in einem demokratischen Verfahren erheben dürfen. Diese als *FOCJ – «Functional, Overlapping, Competing Jurisdictions»* – bezeichneten Einheiten[11] sind durch vier Eigenschaften gekennzeichnet:

a) FOCJ sind funktional

Gebietskörperschaften erbringen ihre Leistungen umso effizienter, je vollständiger sie positive Skalenerträge ausnützen können, je gezielter sie ihre Leistungen an die Nachfrage der Bürger anzupassen vermögen und je genauer ihre Leistungsempfänger und Kostenträger übereinstimmen. Die verschiedenen staatlichen Leistungen (z.B. Schulen, Kläranlagen, Landesverteidigung, usw.) weisen aber ganz unterschiedliche Wirkungskreise und Skalenerträge auf. Überdies variiert die Nachfrage räumlich beträchtlich, weil sie von örtlich unterschiedlichen Faktoren abhängt (z.B. dem Einkommen). Folglich ist es effizienter, wenn nicht alle Leistungen durch die gleiche Gebietskörperschaft erbracht werden, sondern von spezialisierten, auf die jeweiligen Probleme «massgeschneiderten» funktionalen Jurisdiktionen.

b) FOCJ sind überlappend

Zum einen überlappen sich FOCJ, die unterschiedliche Aufgaben erfüllen. Folglich gehören die Bürger ganz unterschiedlichen «Bündeln» von Jurisdiktionen an. FOCJ müssen aber nicht zwingenderweise Gebietskörperschaften sein, die in einem zusammenhängenden Gebiet ein Leistungsmonopol besitzen. Oft können mehrere FOCJ, die die gleiche Funktion erfüllen, ihre Leistungen im gleichen geographischen Gebiet anbieten. Dadurch werden die Wahlmöglichkeiten der Bürger und der Wettbewerb zwischen den Anbietern staatlicher Leistungen zusätzlich gestärkt. Die beiden Arten von Überlappungen ergänzen sich gegenseitig. Da mit der zweiten, weiter gehenden Art unter bestimmten Bedingungen Trittbrettfahrerprobleme auftreten können, kann sie auf konstitutioneller Ebene für gewisse Funktionen eingeschränkt werden.

---

11 Vgl. Frey 1997, FREY und EICHENBERGER 1999. Kritische Diskussionen finden sich z.B. bei VANBERG 2000 und RICHTER 2001.

c) FOCJ sind wettbewerblich

Die Regierung eines FOCUS wird durch zwei Mechanismen gezwungen, auf die Nachfrage der Mitglieder einzugehen: Die Austrittsmöglichkeiten («exit») der Bürger und Gemeinden bewirken marktähnlichen Wettbewerb, und ihr Stimm- und Wahlrecht («voice») schafft politischen Wettbewerb (vgl. dazu HIRSCHMAN 1970).

In FOCJ ist Austritt nicht auf geographische Abwanderung beschränkt und deshalb besonders wirksam. Gemeinden (oder Gemeindeteile) können aus FOCJ aus- und in andere eintreten, ohne dass ihre Bürger umziehen müssen. Die Bedeutung von «exit» unterscheidet FOCJ grundlegend von den heutigen National- und Bundesstaaten, in denen Sezession verboten und zumeist mit brachialer Gewalt zu verhindern versucht wird. Dabei sollte der Austritt möglichst unbehindert bleiben, weil dadurch der Wettbewerb zwischen den Regierungen gestärkt wird. Die genauen Austrittsbedingungen können jeweils in einem Vertrag zwischen den Mitgliedern eines FOCUS, einer eigentlichen Verfassung, geregelt werden. Für den Eintritt hingegen sollte sehr wohl ein Preis verlangt werden können. Wie in «clubs» (BUCHANAN 1965) können Eintrittspreise als Abgeltung für die Nutzung öffentlicher Güter und der Internalisierung externer Wanderungskosten dienen. Solche expliziten Preise stärken die Anreize der FOCJ-Regierungen, eine gute Politik zu betreiben und so neue (zahlende) Mitglieder anzuziehen.

Abwanderung alleine schafft aber unter realistischen Bedingungen (Wanderungskosten, endlich vielen Jurisdiktionen) noch keine Effizienz. Solange die Individuen keine gut ausgebauten politischen Rechte besitzen, können die Regierungen weit von den Präferenzen der Bürger abweichen. In FOCJ wird deshalb der politische Wettbewerb mittels demokratischer Institutionen gestärkt. Die Bürger können die Exekutive und Legislative der jeweiligen FOCJ wählen. Zudem sollten sie über möglichst umfassende direkt-demokratische Instrumente zur Kontrolle der Regierung verfügen: Sie müssen Volksabstimmungen über eigene Vorschläge (Initiativrecht) sowie über Entscheidungen der Regierung und des Parlaments (Referendumsrecht) verlangen können. Diese Volksrechte bewirken, dass die Bürgerpräferenzen im politischen Prozess vermehrt beachtet werden (dazu CRONIN 1989, FREY 1994, KIRCHGÄSSNER, FELD und SAVIOZ 1999). Das hohe Ausmass an demokratischen Kontrollmechanismen bildet auch einen entscheidenden Unterschied zwischen FOCJ und technokratischen Zweckverbänden, in denen die Bürger die Zweckverbandsverwaltung nur sehr indirekt und unwirksam über mehrstufige Delegationspyramiden kontrollieren können (vgl. EICHENBERGER 1998).

d) FOCJ sind Jurisdiktionen mit Steuerhoheit

Ein FOCUS ist eine Körperschaft mit Zwangsgewalt und Steuerhoheit. Die FOCUS-Mitgliedschaft kann auf zwei unterschiedliche Weisen definiert sein: Mitglieder können die kleinsten politischen Einheiten, im Normalfall die Gemeinden, sein. Dann sind Gemeindeeinwohner automatisch Bürger derjenigen FOCJ, in denen ihre Gemeinde Mitglied ist, und sie können nur aus einem FOCUS austreten, indem sie umziehen. Im zweiten Fall kann ein einzelner Bürger frei entscheiden, ob er in einem bestimmten FOCUS Mitglied sein will. Diese starke Form der individuellen Wahlmöglichkeiten kann staatliche Umverteilungsmassnahmen unterhöhlen. Falls erwünscht, kann Umverteilung und auch eine gewisse Mindestversorgung mit öffentlichen Leistungen garantiert werden, indem auf einer höheren politischen Ebene die Mitgliedschaft in einem FOCUS, der die betreffende Leistung anbietet, obligatorisch erklärt und Leistungsstandards vorgeschrieben oder entsprechende Anreize gegeben werden. So könnte den Bürgern freigestellt werden, welchem Schul-FOCUS sie beitreten. Damit auch Personen ohne schulpflichtige Kinder Schulsteuern bezahlen, kann die Mitgliedschaft in einem Schul-FOCUS obligatorisch erklärt werden. Damit dann keine «Schul-FOCJ» entstehen, die weder Leistungen anbieten noch Steuern erheben (also ganz auf kinderlose Bürger ausgerichtet sind), können gewisse Mindeststandards vorgeschrieben werden.

FOCJ weisen verglichen mit traditionellen staatlichen Organisationsformen wesentliche Vorteile auf. Vor allem sind FOCJ *flexibel und effizient.* Die Stärkung der demokratischen Instrumente und der Austrittsoption erlaubt den Bürgern, ihre Präferenzen auszudrücken und die Regierung wirkungsvoll zu kontrollieren. Die Konzentration eines FOCUS auf einzelne Leistungen hilft ihnen, die Effizienz zu beurteilen und die Leistungen mit anderen FOCJ zu vergleichen.

FOCJ erleichtern den Regierungen, auf die Präferenzen der Bürger einzugehen. Dank ihrer räumlichen Flexibilität können FOCJ positive Skalenerträge ausnützen und «spillovers» minimieren und somit öffentliche Leistungen besonders kostengünstig anbieten. Ein Verteidigungs-FOCUS z.B. könnte grosse Teile Europas und sogar nicht-europäische Länder umfassen. Dass endogene Grössenanpassungen tatsächlich stattfinden, wird u.a. durch die schweizerischen Erfahrungen illustriert, wo durch Volksabstimmungen oft Gemeinden und Bezirke zusammengelegt oder aufgeteilt und auch Kantonsgrenzen verändert werden. Solche Abstimmungen zeigen immer wieder, wie vernünftig Wähler zwischen den Leistungsbündeln der verschiedenen Gebietskörperschaften abwägen.

Eine Verwirklichung des FOCJ-Konzepts wird die Rolle der Gebietskörperschaften aller Ebenen – von Nationalstaaten bis zu den Kommunen – stark verändern. Sie bewirkt aber keineswegs ihre Zerschlagung, sondern schafft neue Alternativen. FOCJ werden nur diejenigen Aufgaben erfüllen, die ihnen von den Bürgern übertragen werden, d.h. die sie aus deren Sicht effizient lösen. Die Nationalstaaten werden weiterhin diejenigen Funktionen ausüben, die sie vergleichsweise effizient erbringen.

FOCJ stellen eine neue Form von Demokratie und Föderalismus dar. Globalisierung heisst dieser Auffassung entsprechend gerade nicht, dass vereinheitlicht werden sollte. Vielmehr können sich in FOCJ die lokalen Eigenheiten entfalten. FOCJ unterscheiden sich deshalb fundamental von einer einheitlichen Weltregierung (vgl. dazu die Diskussion in GOSEPATH und MERLE 2002), etwa in Form einer UNO mit erweiterten Kompetenzen. FOCJ unterscheiden sich jedoch auch vom voluntaristischen Konzept des von KOFI ANNAN vorgeschlagenen *«Global Compact»,* der einen neun Punkte umfassenden Verhaltenskodex für Unternehmen festlegt. Diese sind jedoch unverbindlich und in einer kompetitiven internationalen Umgebung kaum verhaltenswirksam. Deshalb werden neue globale Institutionen wie eine «UNO-Organisation für Konzern-Verantwortung» oder eine «Global Regulatory Authority» vorgeschlagen – wobei wir wieder bei einer ineffektiven Weltbürokratie wären. Die Zukunft muss vielmehr bei einem Netz flexibler, problemorientierter und demokratischen Einheiten liegen. Die funktionalen und demokratischen Körperschaften vermögen einige drängende Probleme staatlicher Ordnung in einer globalen Wirtschaft zu lösen. Die staatlichen Strukturen passen sich den Erfordernissen der Individuen an. Einige FOCJ – man denke etwa an die militärische Verteidigung – dürften eine grosse räumliche Ausdehnung – andere FOCJ hingegen – man denke etwa an lokale Umweltprobleme – dürften eine geringe Ausdehnung haben. FOCJ sind derart konstruiert, dass die Spillovers (das sind grenzüberschreitende externe Effekte) minimiert werden. Nutzniesser und Kostenträger öffentlicher Leistungen können auf diese Weise angenähert werden. Damit entsteht auch für die Bürger ein Anreiz zur politischen Beteiligung.

Führt die Möglichkeit, gleichzeitig in mehreren Organisationen Bürger zu sein und mehreren gegenseitig überlappenden öffentlichen Körperschaften anzugehören, dazu, dass man sich nirgendwo mehr zugehörig fühlt? Dieses Bedenken ist berechtigt – allerdings nur, wenn von einer traditionalen Gesellschaft ausgegangen wird. Die heutige Welt ist demgegenüber durch *multiple Zugehörigkeiten* geprägt. Mehrfache Loyalitäten sind ohne weiteres möglich: Wir sind *gleichzeitig* der Region, die uns in der Jugend geprägt hat; dem Ort, in dem wir heute leben; der Firma, in der wir arbeiten; dem Sportclub, in dem wir einen Teil unserer Freizeit verbringen; und dem Theater, durch das wir geistig angeregt werden, emotional verbunden. In einigen Ländern wie den Vereinigten Staaten müssten ausserdem die Rasse, deren Hautfarbe wir tragen, die Universität, die uns erzogen, und die Kirche, die wir am Sonntag besuchen, hinzugefügt werden. Ein Bürger kann somit problemlos mehreren Organisationen emotional verbunden sein und entsprechende intrinsische Motivation entfalten. Eine Entsolidarisierung ist gerade nicht zu erwarten. In einer globalen Welt wäre ein Zwang, nur zu einer Organisation – nämlich dem noch zu schaffenden Weltstaat – emotional verbunden zu sein, verfehlt. Die vielfachen Zugehörigkeiten entsprechen der heutigen Zeit und dürften in der Zukunft noch wichtiger werden.

4 Schlussfolgerungen

Sowohl eine durch die Vereinigten Staaten weitgehend dominierte Welt als auch ein Weltstaat sind als zukünftige Weltordnung abzulehnen. Die Gründe sind unterschiedlich. Die USA sind zwar in vielen wichtigen Bereichen, insbesondere dem Militär, unangefochtene Weltmacht, können sich aber in anderer Hinsicht, etwa bei der Befriedung nach einem Krieg, kaum durchsetzen. Ausserdem sind die menschlichen und materiellen Kosten so hoch geworden, dass es fraglich erscheint, ob die amerikanischen Bürger die Belastungen einer Hegemonialmacht weiterhin zu tragen gewillt sind. Ein Weltstaat ist nicht nur schwer zu erreichen, sondern ist wegen seiner extremen Monopolmacht gegenüber den Individuen, der Ineffizienz und der Verteilungsungerechtigkeit auch unerwünscht.

Wegen der hinsichtlich der Zukunft notwendigerweise herrschenden Unsicherheit sollte eine richtig verstandene zukünftige Weltordnung *flexibel* sein, damit den noch unbekannten Herausforderungen erfolgreich begegnet werden kann. Es werden zu diesem Zweck zwei Institutionen vorgeschlagen. Die Individuen sollen frei wählen können, bei welchen Organisationen sie Bürger sein möchten, und damit die entsprechenden Rechte und Pflichten tragen. Sie sollten Bürger sub- und supra-nationaler Körperschaften, halb-staatlicher, nicht-staatlicher und privater Organisationen und selbst gewinnorientierter Firmen sein können. Die bürgerliche Zugehörigkeit sollte auch temporär, multipel und partiell möglich sein. Das staatliche Angebot sollte in funktionalen (d.h. gemäss den anstehenden Problemen geschaffenen), überlappenden, wettbewerblichen und über Steuerhoheit verfügenden Körperschaften vorgenommen werden. Beide Institutionen garantieren ein hohes Mass an Flexibilität und entsprechen damit den Anforderungen an ein «Global Governance» der Zukunft.

Literatur

BATSTONE, DAVID und EDUARDO MENDIETA (Hg.) (1999). *The Good Citizen.* London: Routledge.

BOWLES, SAMUEL und HERBERT GINTIS (2001). *The Evolution of Strong Reciprocity.* Working Paper, Dept. of Economics, University of Massachusetts, Amherst.

BRENNAN, GEOFFREY und LOREN LOMASKY (1993). *Democracy and Decision:* The Pure Theory of Electoral Preference. Cambridge: Cambridge University Press.

BUCHANAN, JAMES M. (1965). An Economic Theory of Clubs. *Economica* 32 (Feb.): 1-14.

CRONIN, THOMAS (1989). *Direct Democracy.* Cambridge: Harvard University Press.

DAGGER, RICHARD (1997). *Civic Virtues: Rights, Citizenship, and Republican Liberalism.* Oxford: Oxford University Press.

DECI, EDWARD L., RICHARD KOESTNER und RICHARD M. RYAN (1999). A Meta-Analytic Review of Experiments Examining the Effects of Extrinsic Rewards on Intrinsic Motivation. *Psychological Bulletin* 125 (6): 627–668.

EICHENBERGER, REINER (1998). Zweckgemeinden statt Zweckverbände. Effiziente und demokratische kommunale Leistungserbringung dank FOCJ. Zukunft Aargau. Beiträge zu Politik. *Wirtschaft, Kultur und Gesellschaft* 1: 39–51.

ENGEL, CHRISTOPH und KENNETH H. KELLER (Hg.) (2000). *Governance of Global Networks in the Light of Differing Local Values.* Baden-Baden: Nomos.

FALK, ARMIN und URS FISCHBACHER (2001), *A Theory of Reciprocity.* CESifo Working Paper No. 457.

FEHR, ERNST und SIMON GÄCHTER (2000), Fairness and Retaliation: The Economics of Reciprocity. *Journal of Economic Perspectives* 14: 159–181.

FELD, LARS P. (2000). *Steuerwettbewerb und seine Auswirkungen auf Allokation und Distribution.* Tübingen: Mohr Siebeck.

FISCHBACHER, URS, SIMON GÄCHTER und ERNST FEHR (2000). *Are People Conditionally Cooperative? Evidence from a Public Goods Experiment.* Working Paper No. 16, Institut für Empirische Wirtschaftsforschung, Universität Zürich.

FREY, BRUNO S. (1994). Direct Democracy: Politico-economic Lessons from Swiss Experience. *American Economic Review* 84 (2) 338–342.

FREY, BRUNO S. (1997). *Ein neuer Federalismus für Europa: Die Idee der FOCJ.* Tübingen: Mohr Siebeck.

FREY, BRUNO S. (2003). Globalisierung ohne Weltregierung. *Neue Zürcher Zeitung* Nr. 119, 24./25.05.2003: 85.

FREY, BRUNO S. (2004a). Dealing With Terrorism: *Stick or Carrot?* Cheltenham and Northhampton: Edward Elgar. Erscheint demnächst.

FREY, BRUNO S. (2004b). Globalisierung ohne Weltregierung. *Analyse und Kritik.* Erscheint demnächst.

FREY, BRUNO S. und REINER EICHENBERGER (1999). *The New Federalism for Europe. Functional, Overlapping and Competing Jurisdictions.* Cheltenham und Northhampton: Edward Elgar.

FREY, BRUNO S. und BEAT GYGI (1990). The Political Economy of International Organizations. *Aussenwirtschaft* 45: 371–394.

FREY, BRUNO S. und RETO JEGEN (2001). Motivation Crowding Theory: A Survey of Empirical Evidence. (im Druck).

FREY, BRUNO S. und MARGRIT OSTERLOH (2000). *Managing Motivation: Wie Sie die neue Motivationsforschung für Ihr Unternehmen nutzen können.* Wiesbaden: Verlag Dr. Th. Gabler GmbH.

FREY, BRUNO S. und ALOIS STUTZER (2000). Happiness, Economy and Institutions. *Economic Journal* 110 (446): 918–38.

FREY, BRUNO S. und ALOIS STUTZER (2002). *Happiness and Economics: How the Economy and Institutions Affect Well-Being.* Princeton and Oxford: Princeton University Press (im Druck).

GOSEPATH, STEFAN und JEAN-CHRISTOPHE MERLE (Hg.) (2002). *Weltrepublik. Globalisierung und Demokratie.* München: Beck.

GRAY, JOHN (2002). *Die falsche Verheissung. Der globale Kapitalismus und seine Folgen.* Frankfurt a.M.: Fischer.

HERTZ, NOREENA (2002). *The Silent Takeover: Global Capitalism and the Death of Democracy*. New York: Free Press.

HIRSCHMAN, ALBERT O. (1970). *Exit, Voice and Loyalty.* Cambridge: Harvard University Press.

JONES, PHILIP und JOHN HUDSON (2000). Civic Duty and Expressive Voting: Is Virtue its Own Reward? *Kyklos* 53: 3–16.

KESER, CLAUDIA und FRANS VAN WINDEN (2000). Conditional Cooperation and Voluntary Contributions to Public Goods. *Scandinavian Journal of Economics* 102: 23–39.

KIRCHGÄSSNER, GEBHARD, LARS FELD und MARCEL SAVIOZ (1999). *Die direkte Demokratie: Modern, erfolgreich, entwicklungs- und exportfähig.* Basel et al.: Helbing and Lichtenhahn, Vahlen und Beck.

KLEINEWEFERS, HENNER (2002a). *Globalisierung.* Seminar für Wirtschafts-und Sozialpolitik der Universität Freiburg, Schweiz.

KLEINEWEFERS, HENNER (2002b). *Globalisierungskritik I: Die Ängste der reichen Länder.* Seminar für Wirtschafts- und Sozialpolitik der Universität Freiburg, Schweiz.

KLEINEWEFERS, HENNER (2002c). *Globalisierungskritik II: Die internationale Wirtschaftspolitik und die armen Länder.* Seminar für Wirtschafts- und Sozialpolitik der Universität Freiburg, Schweiz.

KYMLICKA, WILL und WAYNE NORMAN (Hg.) (2000). *Citizenship in Diverse Societies.* Oxford: Oxford University Press.

MARTIN, HANS-PETER und HARALD SCHUMAN (1998). *Die Globalisierungsfalle. Der Angriff auf Demokratie und Wohlstand.* Rowohlt: Reinbek.

MUELLER, DENNIS C. (1996). *Constitutional Democracy*. New York: Oxford University Press.

MUELLER, DENNIS C. (2003). *Public Choice III.* Cambridge: Cambridge University Press.

ORGAN, D.W. (1988). *Organizational Citizenship Behavior: The Good Citizenship Syndrome.* Lexington: Blackwell.

OSTROM, ELINOR (1999). *Die Verfassung der Allmende.* Tübingen: Mohr Siebeck.

OSTROM, ELINOR (2000). Collective Norms and the Evolution of Social Norms. *Journal of Economic Perspectives* 14: 137–158.

RICHTER, WOLFRAM F. (2001). Institutioneller Wettbewerb und die Regelung der Zuständigkeit von Institutionen für Personen. Arbeitspapier, Universität Dortmund.

SALA-I-MARTIN, XAVIER (2002a). *The Disturbing «Rise» of Global Income Inequality.* Columbia: Columbia University Press.

SALA-I-MARTIN, XAVIER (2002b). *The World Distribution of Income (Estimated from Individual Country Distributions).* National Bureau of Economic Research, Working Paper 8933.

SCHALTEGGER, CHRISTOPH A. und RENÉ L. FREY (2001). Föderalismus zwischen dezentraler Autonomie und zentralstaatlicher Koordination. *Wirtschaftsdienst* 81:176–180.

SCHULZE, GÜNTHER G. und HEINRICH W. URSPRUNG (1999). Globalisation of the Economy and the Nation State. *World Economy* 22: 295–352.

STRAUBHAAR, THOMAS (1998). Empirische Indikatoren für den Systemwettbewerb – Moderne und historische Befunde. *Jahrbuch für Neue Politische Ökonomie* 17: 243–272.

TODD, EMMANUEL (2003). *Weltmacht USA. Ein Nachruf.* München: Piper.

TULLOCK, GORDON (1997). Trading Citizenship. Kyklos 50(2): 251–252.

TYLER, TOM R. und STEVEN BLADER (2000). *Cooperation in Groups. Procedural Justice, Social Identity, and Behavioral Engagement.* Philadelphia: Psychology Press.

VANBERG, VIKTOR (2000). Functional Federalism: Communal or Individual Rights. Kyklos 53: 363–386.

VAN DYNE, LINN, JILL W. GRAHAM und RICHARD M. DIENESCH (1994), Organizational Citizenship Behavior: Construct Redefinition, Measurement, and Validation. *Academy of Management Journal* 37(4): 785–802.

Urs W. Schoettli

Die Hybris des Hegemonen: der Irak als Waterloo einer neoimperialen Mission?

Im Hinblick auf einen Teil der veröffentlichten Meinung in dem, was der amerikanische Verteidigungsminister Donald Rumsfeld als «old Europe» bezeichnet hat, sehe ich mich zu zwei Vorbemerkungen veranlasst:

Zum einen: Ich habe keine Aversionen oder Antipathien gegen die Vereinigten Staaten von Amerika. Im Gegenteil, ich sehe die USA bei einer Reihe von politischen, wirtschaftlichen und sozialen Errungenschaften als ein wertvolles Vorbild für die Europäer. Anderseits erscheinen mir im Umgang mit den USA zwei Prinzipien wichtig, die ich auch für den Umgang mit jedem anderen Land, mit jeder anderen Zivilisation für angebracht halte. Erstens gilt es, eine klare Differenzierung zwischen sachlicher Kritik und einer ideologisch oder wie auch immer unterfütterten Diffamierung zu machen. Zum zweiten müssen, was eigentlich eine Selbstverständlichkeit sein sollte, Emotionalitäten in einer im wesentlichen von sicherheits- und geopolitischen Gesichtspunkten bestimmten Debatte vermieden werden. Dies trifft gerade auch für das zu, was ich als historisch bedingte Dankbarkeitsgefühle bezeichnen würde. Aus verständlichen Gründen, die vor allem mit dem zweiten Weltkrieg, aber auch mit dem kalten Krieg zusammenhängen, haben viele Europäer die Vorstellung, dass die USA im Vergleich zu anderen Mächten ein ausserordentliches Mass an Selbstlosigkeit besässen, und dass sie letztlich auch heute der einzige Garant für eine der Freiheit und Demokratie dienliche Weltordnung seien.

Die zweite Vorbemerkung betrifft das, was als «Schadenfreude» zusammen mit «Weltschmerz» als eine der wenigen deutschen

Vokabeln in die englische Sprache eingegangen ist. Die Schwierigkeiten der USA im Irak und beim globalen Krieg gegen den Terrorismus scheinen bei etlichen Kommentatoren eine klammheimliche Freude auszulösen. Es ist dies in zweifacher Hinsicht gefährlich. Zum einen können gerade die Europäer, die schliesslich in unmittelbarer Nachbarschaft mit dem Mittleren Osten zu überleben haben und die in sehr starkem Masse von einem ununterbrochenen Energiefluss aus dem Vorderen Orient angewiesen sind, aus ureigensten Interessen keinen Grund zur Freude über amerikanische Schwierigkeiten oder gar über einen amerikanischen Gesichtsverlust im Irak haben. Die Konsequenzen wären dramatisch. Zum zweiten verstellt die klammheimliche Freude aber auch die Sicht für das, was zur Zeit wirklich im Irak vorgeht, und da gibt es neben etlichen Rückschlägen auch etliche Fortschritte zu vermelden. Sollte es gelingen, ein sauberes Rechtsverfahren gegen SADDAM HUSSEIN durchzuführen, so ist dies von grossem Wert für die Sache der Freiheit.

Ich habe das Privileg, seit einigen Jahren für die *Neue Zürcher Zeitung* über verschiedene asiatische Länder und Kulturen zu berichten. Ich habe es dabei stets auch als meine Aufgabe empfunden, den Leser nicht nur über die aktuellen politischen und sozio-ökonomischen Entwicklungen zu unterrichten, sondern ihm auch zu vermitteln, wie die asiatischen Gesellschaften das Geschehen in der Welt bewerten und beurteilen. Der Mittlere Osten sieht aus der Perspektive Delhis, Pekings oder Tokyos erheblich anders aus als aus der Perspektive Londons, Berlins oder Zürichs. Dies gilt auch bei der Auseinandersetzung mit der Politik der Weltmacht Amerika. Meine Ausführungen werden deshalb zu einem guten Teil auch die asiatische Sichtweise widerspiegeln. Es scheint mir dies umso berechtigter, als Asiens politisches und vor allem wirtschaftliches Gewicht auf der Weltbühne in den letzten Jahren stark gewachsen ist und in der näheren Zukunft noch erheblich stärker wachsen wird.

Der britische Historiker HENRY BEVERIDGE beschliesst seine dreibändige «Comprehensive History of India» mit folgender Prognose: «To the attempts made to christianize India, it has been objected that the inevitable result of their success would be to destroy the British rule. The inhabitants made aware of their natural rights, and become capable of self-government would throw off your yoke, and declare their independence. Unquestionably they would. But what then? Is it meant that for the purpose of perpetuating our empire in the East, we must endeavour to keep our subjects there in a state of semi-barbarism (…) The time has been when such selfish and heartless policy would have been looked upon with favour, but a better spirit now prevails; and the determination is … to do justice to India, and more than compensate her for all the wealth she has bestowed upon us, by furnishing her with the means of rising above her present degraded state, and attaining the highest form of European civilization. Should the effect be to enable her to dispense with our tutelage, we shall have the satisfaction of feeling that we ourselves have been the willing instruments of her emancipation (…) Should the day ever come that India, in consequence of the development of her resources by British capital, and the enlightenment of her people by British philanthropy, shall again take rank among the nations as an independent state, then it will not be too much to say, that the extinction of our Indian empire by such peaceful means sheds more lustre on the British name than all the other events recorded in its history.»

Historiographisch pikant ist, dass HENRY BEVERIDGES Werk 1865, sieben Jahre nach der blutigen Niederschlagung der «Indian Mutiny», dem, aus indischer Sicht, ersten Unabhängigkeitskrieg, veröffentlicht wurde. Es fällt nicht schwer, den Worten von BEVERIDGE, der sich, obschon er die gewaltsame Unterdrückung des indischen Unabhängigkeitsstrebens gutheisst, zu den aufgeklärten Exponenten des britischen Imperialismus zählt, beinahe wortwörtlich die Argumente zu entnehmen, die zu Gunsten des «regime change» im Irak vorgebracht worden sind. Alle Versatzstücke für die zivilisatorische Mission des weissen Mannes, die RUDYARD KIPLING in seiner Ballade «Take up the white man's burden» besungen hat, sind hier vorhanden:

- die unterdrückten, halb-barbarischen Einheimischen;
- die europäische (westliche) Zivilisation als erstrebenswertes, ja höchstes Ziel;
- der selbstlose, philanthropische Einsatz für die Entwicklung und Emanzipation der Einheimischen.

Ja selbst eine Referenz auf die Bedeutung des Iraks als Erdöllieferant lässt sich aus BEVERIDGES Worten herauslesen, ist doch von einer Kompensation für all den Reichtum, den die Briten aus Indien transferiert haben, besser gesagt geraubt haben, die Rede.

Im Mittelpunkt meiner Ausführungen stehen drei Fragenkomplexe:

- Der erste dreht sich um die Kontroverse, ob die USA eine imperiale Macht seien, mit anderen Worten, ob es statthaft ist, von der Aktion im Irak als einer imperialen Mission zu sprechen.
- Der zweite Fragenkomplex gilt der Abklärung der längerfristigen Implikationen der Besetzung des Iraks, insbesondere der Frage, ob sich im Irak bereits Anzeichen eines «imperial overstretch» ausmachen lassen.
- Schliesslich wird als drittes zu klären sein, wie denn die Alternative zu dem von der jetzigen amerikanischen Administration eingeschlagenen Kurs aussehen könnte.

Das Hauptargument derjenigen, die kategorisch verneinen, dass die Vereinigten Staaten je eine imperiale Macht waren oder es heute sind, ruht auf der Tatsache, dass die USA nie ein Kolonialreich unterhallten und ihre militärischen Siege in Übersee nicht zur permanenten Unterwerfung der Besiegten unter ihre Herrschaft missbraucht haben. Als Schulbeispiele dienen die Philippinen und Kuba nach der Beseitigung der spanischen Kolonialherrschaft und die Siege über die Achsenmächte im zweiten Weltkrieg. Es soll hier nicht die Frage aufgeworfen werden, wie denn die eigene Abrundung des Terrains der Vereinigten Staaten, insbesondere die rücksichtslose Expansion auf Mexikos Kosten, anders denn eine imperiale Aktion qualifiziert werden kann. Vielmehr soll zu bedenken gegeben werden, dass es nicht einen, sondern mehrere Imperialismen gibt.

Mit der nötigen Distanz zum Geschehen im 19. Jahrhundert und in der ersten Hälfte des 20. Jahrhunderts sollte es heute möglich sein, die verschiedenen europäischen Kolonialimperien differenziert zu betrachten. Was die Briten, Holländer, Spanier, Franzosen und Portugiesen in ihren Kolonien taten, und was sie dort als Erbe hinterliessen, lässt sich nicht über einen Kamm scheren. Geschichte, Geopolitik, Kultur und Religion, Gesellschaft und Wirtschaft, ja selbst das Klima hatten einen entscheidenden Einfluss auf die Gestalt der Kolonialimperien, nicht nur in der abhängigen Peripherie, sondern auch in der herrschenden Metropole. Nur unter Inkaufnahme von groben Vereinfachungen lassen sich das britische Empire und das spanischen Kolonialreich in dieselbe Kategorie der Fremdherrschaft einreihen. Nicht nur die Behandlung der Untertanen in den Kolonien, auch die Zwecksetzung des Imperiums unterschied sich in fundamentaler Weise.

Wiederum eine ganz andere Form der Fremdherrschaft etablierten jene imperialen Mächte, die ihre Besitzungen nicht in Übersee hatten, sondern sich in mit dem Mutterland zusammenhängenden Territorien ausbreiteten. Man denke an das Imperium Romanum, an das Ottomanische Reich, an die K.u.K. Monarchie oder an das russische Zarenreich. Einen nochmals anderen Charakter nahmen schliesslich jene Imperien an, die nicht vom Reichsgedanken des Imperium Romanum, sei es in seiner westlichen, römischen, oder in seiner östlichen, byzantinischen Ausformung, geprägt worden waren, man denke an das prähellenische Ägypten, an das Moghul Imperium in Indien oder an das Reich der Mitte. Interessanterweise hatte sich Japan bei seinem kurzlebigen Imperium an den europäischen Vorbildern orientiert – die wohl wichtigste negative Konsequenz der im letzten Drittel der 19. Jahrhunderts begonnenen Meiji-Restauration. Japan hatte damals die fatale Erfahrung gemacht, dass es von den europäischen Mächten erst ernst genommen wurde, nachdem es seine isolationistische Fokussierung auf die Inselexistenz aufgegeben und sich mit den Nachbarn, China und Russland, im Wettlauf um Territorien und Einflusszonen zu messen begonnen hatte.

All dies führt uns zum Schluss, dass es keine idealtypische Form des Imperialismus gibt, dass man diesen nicht so klar abgrenzen kann wie etwa die Demokratie von der Diktatur oder die Monarchie von der Republik. Daraus folgt wiederum, dass nicht a priori geschlossen werden darf, dass, da die USA nicht wie die Briten und Spanier Überseekolonien oder wie die Habsburger und die russischen Zaren Untertanengebiete besitzen, sie nicht als imperiale Macht in Frage kommen. So wie das Osmanische Reich ein Imperium sui generis war, so können, so darf zumindest die Prämisse lauten, die USA eine imperiale Macht sui generis sein. Hinzu kommt, dass diese Bestimmung nicht in einem klinisch sauberen Raum vorgenommen wird, sondern unter den Umständen einer – in den Worten des angelsächsischen Pragmatismus – «messy reality», in welcher kein objektiv-distanziertes Linné'sches Bestimmungsbuch, sondern das Selbstverständnis der einen sowie die Perzeption der andern eine wichtige Rolle spielen.

Einer der häufigsten Einwände gegen die Vorstellung, dass die USA eine imperiale Politik betreiben könnten, bezieht sich auf das unbestreitbare Faktum, dass die Vereinigten Staaten eine etablierte, funktionierende Demokratie besitzen, und dass Demokratien sich nicht für den Aufbau und den Unterhalt eines letztlich in materieller wie menschlicher Hinsicht stets sehr kostspieligen Empire eignen würden. Die Geschichte zeigt indessen eine andere Realität. Grossbritannien unterhielt sein weltumspannendes Imperium mit einem parlamentarischen System und wechselnden Regierungen. Sowohl die Liberalen als auch die Konservativen standen hinter der Niederschlagung der «Indian Mutiny», sowohl die Liberalen als auch die Konservativen unterstützten die Opiumkriege in China. Man mag einwenden, dass dies alles geschah, als es im Vereinigten Königreich noch nicht das allgemeine Wahlrecht gab, dass folglich das England DISRAELIS, GLADSTONES und KÖNIGIN VIKTORIAS nicht als Demokratie gelten könne. Tatsache ist aber, dass Frankreich, Grossbritannien und Holland ihre Überseeimperien auch beibehalten hatten, als sich im Mutterland die demokratische Staatsform durchgesetzt hatte. Es mag zu den Hintertreppenwitzen der modernen Geschichte gehören, dass die Holländer, nachdem sie von den Japanern aus Indonesien vertrieben worden waren, nach dem Ende des zweiten Weltkriegs sich in Indonesien wieder als die legitime Kolonialmacht wähnten.

Selbstverständlich gibt es in Demokratien wie bei allen Grundsatzfragen auch in der Aussenpolitik tiefgreifende Meinungsunterschiede. In England standen den klassischen Imperialisten vom Schlage KIPLINGS und CHURCHILLS die «little Englanders», die Verfechter einer Politik des Rückzugs aus den Kolonien und der Fokussierung auf die Entwicklung der einheimischen Wirtschaft und Gesellschaft, gegenüber. In ähnlicher Weise zeichnet sich auch die Aussenpolitik der Vereinigten Staaten durch ein Oszillieren zwischen Imperialismus und Isolationismus aus. Es mag das Argument vorgebracht werden, dass man mit Oszillieren keine imperiale Politik betreiben könne, da eine solche mit ihrem ganzen Bedarf an bürokratischer und militärischer Infrastruktur sowie mit der Bindung grosserr Ressourcen keine Kurzfristigkeiten zu ertragen vermöge. Dies stimmt ohne Zweifel für kleinere Mächte – Wien oder Paris hätten drastische Kehrtwendungen in ihrer Aussenpolitik nicht verkraften können, ohne die Fundamente ihres Imperiums zu schädigen. Doch die Vereinigten Staaten sind eine Supermacht *sui generis*, und zwar nicht erst seit dem Ende des kalten Kriegs und dem Verschwinden der Sowjetunion. Bei den klassischen Kolonialimperien, wie sie Spanien, Portugal, England, Holland, Frankreich und Belgien aufbauten, waren die Mutterländer ressourcenarm, musste die koloniale Peripherie in die Metropole ihre reichen Rohstoffe liefern und dieser ihre lukrativen Märkte öffnen. All dies trifft bei den USA nicht im selben Ausmasse zu, auch wenn natürlich wachsende Ansprüche und die Globalisierung der Wirtschaft die Option einer Abschottung längst haben eine Illusion werden lassen. Seit dem zweiten Weltkrieg ist der Vorsprung, den die USA bei den für eine Grossmacht relevanten Faktoren besitzen, gegenüber allen anderen Mächten so enorm gross, dass sich das Land ohne längerfristigen Schaden auch isolationistische oder non-imperiale Zwischenspiele leisten kann.

Als zweites wird dem Argument, dass die USA eine imperiale Politik betreiben können und diese unter der derzeitigen Administration mit verschärfter Dynamik auch betreiben, entgegengehalten, dass Washington keine Gebiete erobert und diese auf alle Zeiten unter eine Kolonialverwaltung gestellt habe. Gerade der Irak mit dem nun auch offiziell angekündigten Fahrplan für eine Rückkehr zur irakischen Selbstverwaltung und Souveränität beweise doch einmal mehr den böswilligen oder naiven Irrtum all derjenigen, die den USA imperiale Absichten und eine imperialistische Politik unterstellten. Im Kopfe derjenigen, die dieses Argument vorbringen, wird der Imperialismus mit jenen Landkarten gleichgesetzt, die viele von uns noch aus ihrer Schulzeit in Erinnerung haben, als beispielsweise der ganze afrikanische Kontinent mit Ausnahme Liberias und Äthiopiens in den Farben mehrerer europäischer Länder eingetönt war. Auch erinnert man sich an das imperiale Pink Grossbritanniens, das von Kanada über den indischen Subkontinent bis nach Australien riesige Teile der Landfläche auf dem Globus beansprucht hatte. Die Protagonisten einer kolonialen Administration als Voraussetzung des

Imperialismus verkennen allerdings, dass es stets auch Wege und Methoden gegeben hat, eine imperiale Politik zu implementieren, ohne die Landkarte einfärben zu müssen. Es ist aufschlussreich, dass der britische und holländische Kolonialismus in Asien von privatrechtlichen Gesellschaften, der East India Company und der Vereinigten Ostindischen Kompanie, eingeleitet wurde. Dabei ging es um die Errichtung von Handelsposten und einer Infrastruktur zur Appropriation kostspieliger Ressourcen, nicht jedoch um koloniale Administration. London war mit den Feldzügen, die Clive in Ostbengalen zur territorialen Erweiterung des British Raj führte, überhaupt nicht einverstanden. Der indische Subkontinent mag im Schulatlas in einem einheitlichen Pink eingefärbt worden sein, in Tat und Wahrheit bestanden jedoch in Indien eine Reihe von unterschiedlichen Abhängigkeiten. Wer sich nicht durch moderne nationalstaatliche Versatzstücke täuschen lässt, wird unschwer erkennen können, dass sich die Position des Nizzams von Haiderabad oder des Maharadschas von Gwalior nicht grundsätzlich unterschied von der heutigen Position des Emirs von Kuweit, des House of Saud oder der Herrscher der kleineren Golfstaaten.

Territoriale Eroberung ist eine unerlässliche Voraussetzung für kontinentale Imperien, nicht jedoch für eine imperiale Strategie und Präsenz in Übersee. Die USA sind auf ihrem eigenen Kontinent dank territorialer Expansion zur unanfechtbaren Vormacht geworden, sodass sie sich auf dem restlichen Erdball auf die Aufrechterhaltung von Stützpunkten, auf Allianzen sowie auf mehr oder weniger offene Klientelismen abstützen können. Sie brauchen, was für einen imperialen Architekten und Strategen letztlich nur von Vorteil sein kann, keine kostspielige Kolonialadministration zu unterhalten. Wahrscheinlich hätte sich die britische Präsenz in Indien in ähnlicher Richtung entwickelt, wäre da nicht die Rivalität mit Frankreich gewesen, das insbesondere in seiner napoleonischen Inkarnation zu einer echten Bedrohung des Mutterlandes geworden war.

Ein drittes Argument, das gegenüber all denjenigen, die hinter der amerikanischen Aussen- und Sicherheitspolitik imperiale Absichten sehen, vorgebracht wird, betrifft die Motive der USA. Die Vereinigten Staaten, so beginnt die Argumentation, seien stets in auswärtige Händel und Kriege hineingezogen worden, weil sie sich im Interesse der Freiheit, der internationalen Ordnung und der Verteidigung von Demokratie und Rechtsstaat engagieren mussten. Sie haben damit den ersten Weltkrieg zugunsten der Alliierten entschieden, haben HITLER, MUSSOLINI und das japanische Imperium besiegt und schliesslich das totalitäre, stalinistische Gefängnis der Sowjetunion zum Einsturz gebracht. Nun, im Irak haben sie auch eine der blutrünstigsten und gefährlichsten Diktaturen der letzten dreissig Jahre beseitigt. Ist denn die Welt ohne HITLER, ohne die Sowjetunion und ohne SADDAM HUSSEIN nicht viel besser dran? Die Antwort auf diese Frage ist wohl eindeutig, nicht jedoch die Antwort auf die Frage nach den Beweggründen und Interessen, die hinter diesen von den USA massgeblich gestalteten historischen Zäsuren stehen.

Dass noble, scheinbar selbstlose Motive eine imperiale Politik ausschlössen, wird durch die Geschichte widerlegt. Noch jede imperiale Macht hat für sich beansprucht, im übergeordneten Interesse der Zivilisation zu handeln – und zu einem Teil traf dies in der Tat auch zu. Das spanische Imperium in Lateinamerika hat nicht nur die dortigen Rohstoffe geplündert und, wie die Briten und später die USA in Nordamerika, die einheimische Bevölkerung dezimiert. Spanien hat die Renaissance, die ersten neuzeitlichen Hospitäler, die ersten Universitäten in die sogenannte «neue Welt» gebracht. Erst vor kurzem ist eine sehr lesenswerte Studie über die Moghulherrschaft in Indien erschienen. Legt man sich Rechenschaft über das Regime schlimmster Ausbeutung und Unterdrückung ab, welches diese Dynastie über mehrere Jahrhunderte hinweg ausgeübt hatte, so kann die Ankunft der Briten in Indien nur als Positivum gewertet werden. Die Portugiesen unterhielten eines der am schlechtesten verwalteten Imperien, doch selbst sie können auf ihre Fahne schreiben, dass die lusitanische Gemeinschaft der Welt mit der Transplantation von wichtigen Pflanzen eine der folgenreichsten und nützlichsten Erbschaften hinterlassen hat.

Es wäre naiv, davon auszugehen, dass ausgerechnet die grösste Macht, welche die Menschheitsgeschichte je hervorgebracht hat, primär aus Selbstlosigkeit in der Welt agiert. Die USA haben wiederholt nicht nur die richtige, sondern im moralischen Sinne auch die rechte Seite unterstützt. Ich sehe dies nicht als Zufall, sondern als ein Resultat des stark idealistisch geprägten Selbstverständnisses dieses Einwanderungs- und Vielvölkerstaats, und zwar nicht erste heute, sondern seit seiner Gründung. Doch kann auch nicht übersehen werden, dass die USA mit dieser Machtpolitik materiell äusserst gut gefahren sind. Es kommt nicht von ungefähr, dass gerade im Zeitpunkt, da die USA als alleinige Hypermacht im Zenith ihres globalen Einflusses stehen, auch der bedeutendste Geldtransfer der Menschheitsgeschichte stattfindet. Mit nicht weniger als täglich 1,5 Milliarden US-Dollar deckt die restliche Welt heute den unersättlichen Kapitalhunger der Amerikaner.

Der Anspruch, im Dienste des Guten in der Welt zu wirken, ist keine Prärogative der Republikaner, die mit REAGANS «evil empire» und BUSHS «axis of evil» die prägnantesten Formeln einer moralisch untermauerten Weltpolitik geschaffen haben. Auch die Demokraten und selbst deren prononciert liberale Exponenten wie Präsident CARTER operieren mit ähnlichen Instrumenten der Schwarz-Weiss-Malerei. Im Grunde genommen ist die BUSH-Administration mit ihrer ausgeprägten Neigung und zuweilen gar Präferenz für den Unilateralismus ehrlicher und berechenbarer. Man erinnert sich an Initiativen zur Förderung der Demokratie in Lateinamerika, die in den achtziger Jahren von den demokratischen Internationalen auch in Kooperation mit dem National Democratic Institute (NDI) und mit Präsident CARTER unternommen worden waren. Es erstaunte einen dabei als zurückhaltender, vielleicht auch zögerlicher Europäer, wie schnell die Amerikaner jeweils wussten, wer denn nun die Guten und wer die Bösen im Machtspiel waren. Hatten sie diesen Entscheid einmal getroffen, so wurde er auch mit allen Mitteln umgesetzt. In den meisten Fällen wurde danach an der Urne das erwünschte Resultat erreicht. Wenn denn noch der Glaube herrschen mag, die USA seien zu keiner imperialen Politik befähigt, so genügt es sich die Erfahrungen Lateinamerikas vor Augen zu halten. Die Monroe-Doktrin ist wohl das schlagendste Beispiel dafür, wie man imperiale Politik ohne physische Besatzung und Kolonialisierung betreiben kann.

Wir haben dargestellt, dass eine Demokratie sehr wohl eine imperiale Politik betreiben kann, dass imperiale Politik nicht territoriale Expansion und koloniale Unterwerfung voraussetzt, und dass sie sehr wohl mit einem Schuss propagierter wie auch wirklich praktizierter Selbstlosigkeit einher gehen kann. Nun gilt es noch ein viertes Argument zu berücksichtigen, das sich aus der Idee eines Horror Vacui nährt. Seit dem Ende des kalten Kriegs sind die USA zumindest in militärischer Hinsicht mit weitem Abstand die unbestrittene Nummer eins in der Welt. An diesem Sachverhalt wird sich auf absehbare Zeit hinaus nichts ändern, im Gegenteil, der technologische Fortschritt wird den amerikanischen Vorsprung unablässig weiter wachsen lassen. Da die USA zu den Bannerträgern der politischen, wirtschaftlichen und soziokulturellen Werte gehören, die aus westlicher Sicht das Leben auf dieser Erde erträglich machen, und – lassen Sie mich die Dinge beim Namen nennen – da die USA von einer Elite dominiert werden, die dem westlichen Christentum angehört und die ethnisch aus Europa stammt, sind diejenigen, die hinter der sowjetischen Herausforderung während des kalten Krieges nicht nur oder nicht einmal hauptsächlich eine kommunistische Bedrohung, sondern die Gefahr eines orientalischen Despotismus sahen, mit der neuen globalen «pecking order» (Hackordnung) sehr zufrieden. In der Tat würden wir uns heute nicht in dem materiellen Komfort und der Freiheit hier versammeln können, die wir für garantiert annehmen, wäre der kalte Krieg von der andern Seite gewonnen worden – ganz zu schweigen von einem Sieg der Achsenmächte im zweiten Weltkrieg. FRANCIS FUKUYAMA hat seine Spekulationen auf ein Ende der Geschichte von der Realität nur allzu rasch widerlegt bekommen. Vom Traum, dass die Menschheitsgeschichte mit dem Sieg der Demokratie und der Marktwirtschaft an ihrem Ende angelangt sei, ist spätestens seit dem 11. September 2001 nicht mehr viel übrig geblieben. Doch zumindest einen Teil von FUKUYAMAS Prognose können wir möglicherweise in die nächste Zukunft retten. Die Hypermacht der Freiheit kann machtpolitisch in der Welt nach ihrem Belieben operieren. Niemand kann Washington, das manche nicht als das neue Rom, sondern als ein neues Athen betrachten, den Vorsitz am «top table» streitig machen. Das nur allzu kurze Gedächtnis lässt uns dabei auch verdrängen, wie bescheiden trotz aller Horrorszenarien das Gewaltpotential der Al Kaida im Vergleich zu jenem ist, das die Sowjetunion oder Hitlerdeutschland besessen hatten.

Es ist wie in der Wirtschaft; so man nicht zu den Frustrierten oder den Verlierern, sondern zu den Profiteuren gehört, kann einem ein Monopol sehr dienlich sein. Alles ist klar geregelt, man weiss, wer die Nummer eins ist, wer die Spielregeln setzt – man ist aus den ganzen Bemühungen um Wettbewerbsordnungen und Kartellrechte entlassen. Warum soll man, so die Welt nun einmal von der besten aller Mächte dominiert wird, sich denn das Leben schwer machen und für eine Multipolarität plädieren, bei der, im Rahmen der internationalen Institutionen, auch den notorischen Verlierern und vor allem den freiheitsfeindlichen Kräften ungebührlich grosser Einfluss gewährt wird? Für diejenigen, welche die amerikanische Hegemonie als einzige Garantie für ein Minimum an internationaler Ordnung und als wichtigste Voraussetzung für eine wirksame Wahrung der Interessen der freien

Demokratien ansehen, ist das Engagement im Irak und darüber hinaus gegen weitere gefährliche «rogue nations» nicht nur wünschbar, sondern notwendig. Sieht man ein Machtvakuum an der Spitze der Pyramide als Hauptgefahr für eine einigermassen stabile internationale Ordnung, so stellt sich in der Tat die Frage, ob es denn überhaupt eine realistische Alternative zur Führungsmacht USA gibt. Die Vereinten Nationen sind, wie die Wirkungslosigkeit ihrer Resolutionen bei der Lösung von Konflikten wiederholt gezeigt hat, sicher keine Alternative. Die Europäer sind zwar rasch zur Stelle, wenn es gilt, die USA zu kritisieren, doch verfügen sie weder über den politischen Willen noch über die militärischen Mittel, um in eigener Regie die Weltordnung nachhaltig gestalten zu können. Somit gilt: Da niemand die Welt in Ordnung halten kann, so müssen es halt die USA tun, und dies ist für die Welt umso besser, als Amerika die Vormacht der Freiheit und Demokratie ist.

Haben sich die USA im Irak übernommen? Sind sie der Hybris zum Opfer gefallen, die bisher noch jede hegemoniale Macht erfasst hat? Sind bereits Anzeichen auszumachen, dass die USA als Hypermacht den Zenith ihres Einflusses überschritten haben? All diese Fragen gilt es, *sine ira et studio* zu klären, da, wie bereits erwähnt, es für die in ihren Werten und Errungenschaften stets bedrohte freie Welt keinen Grund zu klammheimlicher Freude über eine amerikanische Dekadenz, zu einer entwürdigenden Demaskierung der USA als Papiertiger geben kann. Es wäre dies angesichts der fundamentalistischen Herausforderungen, mit denen sich die Welt zu Beginn des 21. Jahrhunderts in so unerwartetem Masse konfrontiert sieht, wohl ziemlich die letzte Freude, die uns noch vergönnt wäre.

Eine Welt, die am Ende ihrer Geschichte angelangt ist, wäre möglicherweise ein friedlicher, sicher aber auch ein langweiliger Ort. Die bewegten Zeiten seit dem 11. September 2001 haben uns erneut bewusst gemacht, wie zerbrechlich alle Errungenschaften, alle Ordnungen sind. Mehr denn je sollten wir uns bewusst sein, dass ungeachtet aller technologischen Fortschritte, wir letztlich genau so ungeschützt und hilflos dem Schicksal ausgeliefert sind, wie die Figuren in den grossartigen Dramen der griechischen Antike. Wir können nicht voraussehen, was in diesem noch jungen Jahr alles auf die Menschheit zukommen wird – wir wissen nur eines, es wird wie im letzten Jahr schockierende Ereignisse, Katastrophen und Not geben. Völlig ungewiss ist, was sich im Irak, im Mittleren Osten, aber auch in vielen weiteren derzeit bereits erkennbaren oder derzeit noch verdeckten Krisenherden der Welt ereignen wird. Im Irak reicht die Bandbreite vom Bürgerkrieg bis zum Beginn einer demokratisch legitimierten Ordnung.

Zwei Lektionen gewährt uns jedoch die Weltgeschichte. Zum einen: Gerade wenn sie sich auf dem Höhepunkt ihrer Macht wähnen, pflegen Hegemonen oder Imperien ihre Kapazitäten zu überfordern und zu überschätzen. Bemerkenswert ist, dass dieser «imperial overstretch» in der Regel erst *post festum* festgestellt werden kann. Ein klassisches Beispiel im 20. Jahrhundert war der sowjetische Einmarsch in Afghanistan, zwei klassische Beispiele im 19. Jahrhundert waren der Transfer der Herrschaft über Indien von der East India Company auf die britische Krone im Gefolge der «Indian Mutiny» von 1857/58 und Gordons Expedition in den Sudan in 1884/85. Besonders augenfällig sind die Parallelen zwischen der sowjetischen Niederlage in Afghanistan und dem britischen Fiasko im Sudan. Weder Afghanistan noch Sudan waren wirkliche geopolitische Notwendigkeiten zur Aufrechterhaltung des Imperiums. Sowohl Moskau als auch London hatten beim Aufbau und der Expansion ihrer Imperien erheblich grössere Widerstände überwinden müssen, als sie Afghanistan und der Sudan boten. In beiden Fällen war es eine rückständige Peripherie, welche die Besiegbarkeit des weissen Mannes, des imperialen Overlord, demonstrierte – mit langfristigen Folgen, die schliesslich zum Niedergang des Imperiums führen sollten. Die zweite Lektion der Weltgeschichte zeigt, dass der Zerfall eines Imperiums, der Sturz eines Hegemonen durch eine Reihe von Faktoren bewirkt werden kann, deren wahre Bedeutung man erst im nachhinein feststellen kann. Es kann sogar der Fall sein, dass die Zeitgenossen ein Imperium noch im Zenith seiner Macht wähnen, wenn in Tat und Wahrheit sich der Wurm bereits in weite Teile des Gebälks vorgefressen hat. Man erinnere sich der Hochzeit des kalten Kriegs, als nicht nur die UdSSR als eine für alle Zeiten bestehende euro-asiatische Supermacht galt, sondern auch als eine in der Zukunft noch weiter wachsende Gefährdung des Westens empfunden wurde. Noch Anfang der achtziger Jahre hätte kaum jemand die Prognose gewagt, dass die Sowjetunion nicht das Jahrhundert, in dem sie entstanden war, überdauern würde. 1911 wurde im Beisein des King-Emperors mit dem grössten Durbar aller Zeiten Delhi zur neuen Kapitale des British Raj erklärt. Die Briten setzten sich damit demonstrativ in die stolze Abfolge des grossen Moghul-Imperiums. Eine halbe Generation später hatte es der von CHURCHILL als «halbnackter Fakir» verachtete MAHATMA GANDHI geschafft, die Briten vom indischen Subkontinent zu vertreiben.

Die Frage stellt sich: Manifestiert sich im Irak die Hybris des Hegemonen, ist der Irak das Waterloo für die von der BUSH-Administration geführte neo- oder spätimperiale Mission? Eine Antwort auf diese Frage wird sich nicht im Irak selbst finden, nicht einmal im Iran oder in Nordkorea, den anderen beiden Ländern, die von Washington der «axis of evil» zugerechnet werden. Erneut zeigt die Weltgeschichte, dass die Gründe für den Sturz eines Hegemonen, für den Niedergang eines Imperiums nicht dort zu finden sind, wo man sie aufgrund des aktuellen Geschehens vermuten könnte. Die Sowjetunion fiel letztlich nicht wegen Afghanistan, sondern wegen der totalen Verrottung des eigenen Staates und der eigenen Wirtschaft. Das British Empire wurde nicht in Khartum oder am Khyber-Pass in die Knie gezwungen, sondern fiel der Ausblutung im ersten Weltkrieg zum Opfer.

Es braucht keine strategische Weitsicht, um den potentiell gefährlichsten Krisenherd der Welt ausfindig zu machen, und zwar einen Krisenherd, der selbst für die formidable Militärmacht der USA mehrere Nummern zu gross ist – insbesondere vor dem Hintergrund, dass mit den Engagements in Afghanistan und vor allem im Irak sowie weiteren globalen Sicherheitsverpflichtungen Washingtons Ressourcen – finanziell, personell und ausrüstungsmässig – sich nahe an der Belastungsgrenze befinden. Bei diesem Krisenherd handelt es sich um Pakistan. Vor allem in seinen nordwestlichen Grenzgebieten und in den nur prekär von der Zentralregierung kontrollierten Stammesgebieten verfügt Al Kaida über die wichtigsten Basen. Es ist dies kein Zufall, wie jeder, der diese Gegend besucht hat, wird bestätigen können. Für die stolzen Menschen der North West Frontier, des Hinterlands von Peschawar und grosser Teile Belutschistans – Regionen, die selbst im britischen Empire nie unter der politischen Kontrolle Kalkuttas waren, sondern stets militärisch verwaltet werden mussten – besteht zwischen den Engländern, den Sowjetrussen und nun den Amerikanern und diversen Europäern, die sich in Afghanistan befinden, kein Unterschied. Es sind dies weisse Fremdlinge, die ohne jede strategische oder geopolitische Zweitgedanken schlicht als Feinde betrachtet werden, die vertrieben und vernichtet werden müssen. Nicht ohne Grund reicht der Einfluss des Statthalterregimes von Hamid Karzai kaum über die Stadtgrenzen von Kabul hinaus. Die in vorstaatliche Stammes- und Klanloyalitäten eingebundenen Warlords werden, wenn auch der jüngste Zivilisierungsversuch der weissen Eindringlinge überwunden sein wird, wieder in alter Selbstherrlichkeit über das Land herrschen. Auch Al Kaida wird eines Tages Geschichte sein und in den Tälern des Hindukusch ihre Spuren in der Folklore hinterlassen, die von Generation zu Generation überliefert wird.

Pakistan ist selbstverständlich nicht allein wegen seines Einflusses in Afghanistan und wegen seiner Funktion als wichtiges Hinterland für Al Kaida und die Reste der Taliban-Führung ein gefährlicher Krisenherd. Die Probleme reichen weit tiefer. Pakistan ist seit seiner Geburt vor bald sechzig Jahren ein «failed state». Hinter der «Partition», der schicksalsträchtigen Teilung des indischen Subkontinents beim Abzug der Briten, stand die Idee einer staatlichen Gliederung gemäss religiöser Zugehörigkeit. Die Idee wurde allerdings nicht in ihrer vollen Konsequenz durchgezogen. Während Pakistan sich von Anfang an als Heimat der Muslime verstand, wählte Indien unter der Führung von MAHATMA GANDHI und JAWAHARLAL NEHRU eine säkulare Staatsform. Damit wurde unter anderem auch der Tatsache Rechnung getragen, dass es auch nach der Lostrennung Ost- und Westpakistans in dem Vielvölker-, Vielsprachen- und Vielreligionenstaat, der nun als Indische Union entstand, eine starke muslimische Minderheit gab. Auch heute sind rund zwölf Prozent der indischen Bevölkerung Muslime, was bedeutet, dass das Land eine der grössten Muslimbevölkerungen der Erde beherbergt. Mit MOHAMMAD ALI JINNAH wurde ein Mann zum Staatsgründer Pakistans, der in seinem Denken und Wesen sehr stark vom Westen geprägt worden war. JINNAH, der in Lincoln's Inn in London als Barrister aufgetreten war, war in ähnlichem Sinne wie NEHRU ein Produkt der Ideale, die sich auch als Folge der «Bengali Renaissance» im 19. Jahrhundert herausgebildet hatten und als Ziel der höheren Erziehung in Indien die Heranbildung eines «English Gentleman of Indian Origin» sahen. Die Tragödie Pakistans und wahrscheinlich auch eine der Wurzeln seiner Entwicklung zum «failed state» war, dass JINNAH kaum ein Jahr nach der Unabhängigkeit starb, während Indien das Privileg hatte, unter NEHRUS langer Regierungsführung politische Stabilität zu erlangen.

Dass sich allein auf der Basis der religiösen Zugehörigkeit ein stabiles Staatswesen errichten lassen würde, sollte sich indessen bereits weniger als ein Vierteljahrhundert nach der Gründung Pakistans als schwerwiegendes Fehlurteil herausstellen. Die Sezession Ost-Pakistans und die Unabhängigkeit Bangladeshs sind eine Folge dessen, dass Blut, Sprache, Kultur, Geschichte, ja selbst der banale Alltag bei der Entwicklung eines Gemeinschaftsgefühls erheblich wichtiger sind als die Religion – eine Erfahrung, die übrigens auch die Europäer über eine lange blutige Geschichte von Kriegen hinweg machen mussten. Den christlichen Deutschen und den christlichen Franzosen hat es nichts ausgemacht, sich gegenseitig die Köpfe einzuschlagen. Spannungen zwischen Ost- und West-Pakistan hatte es schon lange gegeben, doch offen zum Ausbruch kamen sie 1970/71, und schliesslich kulminierten sie in der Sezession Bangladeshs Ende 1971. Die von SHEIKH MUJIBUR RAHMAN geführte Awami Liga hatte 1970 bei den Parlamentswahlen in Ostpakistan einen Erdrutschsieg erringen können. 167 der insgesamt 169 Parlamentssitze, die Ostpakistan zustanden, wurden von der Awami Liga gewonnen. Damit stand MUJIBUR RAHMAN in einem 313 Abgeordnete umfassenden Parlament dank einer simplen Mehrheit das Recht zu, die Regierung zu bilden. In den Augen der stolzen Sindhis und Pandschabis in Westpakistan, die mit den Bengalen in Ostpakistan etwa soviel gemein haben wie die Russen mit den Portugiesen, war die Akzeptanz eines Bengali als Führer eines ungeteilten Pakistans völlig inakzeptabel, selbst um den Preis einer Spaltung des Landes, wie sich nach dem Putsch gegen MUJIBUR RAHMAN herausstellen sollte.

Doch selbst dem Rumpfpakistan, das nach der Sezession Bangladeshs, welche die Vorstellung einer gemeinsamen nationalstaatlichen Heimat für die Muslime auf dem Indischen Subkontinent endgültig begraben hatte, entstanden war, sollte keine politische Stabilität beschieden sein. Es gibt dafür im wesentlichen drei Gründe, die seit dem Ende des kalten Kriegs, das Pakistan in den Augen sowohl der Chinesen als auch der westlichen Allianz den Wert eines Bollwerks gegen eine befürchtete sowjetische Expansion in Südasien gekostet hat, noch markanter geworden sind: Erstens handelt es sich um religiöse und ethnische Rivalitäten und Zerstrittenheit, zweitens um das Versagen der Eliten und drittens schliesslich um das Fehlen eines weitherum akzeptablen nationalen Selbstverständnisses.

Zahlenmässig und wirtschaftlich dominant sind in Pakistan die Pandschabis, deren wichtigster Rivale die zweitstärkste Volksgruppe der Sindhis ist. Darüber hinaus gibt es eine Reihe von Stammensgesellschaften von Belutschistan bis Kaschmir auf einem sozial wie wirtschaftlich höchst unterschiedlichen Entwicklungsstand. Auch scheinbar starke Militärregime haben und hatten mit den Rivalitäten unter diesen Gruppen zu kämpfen, deren interner Zusammenhalt viel stärker ist als irgendwelche Affinität zum weitgehend abstrakten Staatsgebilde Pakistan. Neben dieser ethnischen Aufgliederung, die in auch heute noch sehr starken feudalistischen Strukturen verankert ist, gibt es auch religiöse Zerwürfnisse, vor allem zwischen Schiiten und Sunniten sowie einigen einheimischen religiösen Gemeinschaften. Der Islam, der schon früh an den Gestaden Indiens aufgetaucht war, hat auf dem Subkontinent eine Reihe von örtlichen Bräuchen integriert. Am besten sichtbar ist dies beim Sufismus, der im Westen des Subkontinents eine starke Gefolgschaft besitzt. Auch unter externem Einfluss, vor allem aber wegen fortdauernder sozialer Missstände hat sich in den letzten zwei Jahrzehnten ein wachsender Teil der pakistanischen Muslime radikalisiert, und wahrscheinlich vertritt heute die überwiegende Mehrheit der Pakistaner ein islamisches Staatsverständnis, das mit den Idealen, die dem Staatsgründer MOHAMMAD ALI JINNAH teuer waren, nichts mehr zu tun hat. Schliesslich zeigt auch das Schicksal der mehrheitlich im Süden Pakistans, vor allem in den Regionen Karachi und Haiderabad, angesiedelten Muhajars, dass man aus der Sezession Bangladeshs noch immer nicht die richtigen Schlüsse gezogen hat. Die Muhajars sind die eigentlichen Pakistanis – das heisst es sind jene Menschen, die bei der Teilung Indiens dem Ruf ins gelobte Land der subkontinentalen Muslime gefolgt sind. Sie stammen vor allem aus den nördlichen Gliedstaaten der heutigen Indischen Union und sind, obschon sie jetzt schon über ein halbes Jahrhundert in Pakistan leben, kaum integriert worden. Ein Grossteil der politisch motivierten Gewalt im Sindh geht denn auch auf Rivalitäten zwischen Sindhis und Muhajars zurück.

Die kurze Geschichte Pakistans wird durch eine Oszillation zwischen Militärherrschaft und aus demokratischen Wahlen hervorgegangenen Regierungen geprägt. Schon früh hatten die Militärs die Versuchung der Macht gekostet und sie sind ihr bis heute, Vizegeneralspräsident PERVEZ MUSHARRAF, erlegen. Es ist dies jedoch nicht nur eine Folge von napoleonischen Ambitionen im pakistanischen Offizierskorps. Wiederholt hatten, von Zivilisten gebildete, an der Wahlurne bestellte Regierungen die Chance, das Steuer herumzureissen. Letztlich sind sie alle kläglich gescheitert. Besonders tragisch ist, dass auch eine dank ihrer Erziehung und ihrem familiären Hintergrund in moderner Weltoffenheit aufgewachsene BENAZIR BHUTTO letztlich ihr feudalistisches Erbe nicht zu überwinden vermocht hat. Wie in manchen lateinamerikanischen Staaten, so verschafft auch in Pakistan die Armee, vor allem das Heer, mittelständischen und ambitiösen jungen Menschen, denen der Feudalismus und Klientelismus im zivilen Leben den Weg nach oben verbauen, die Möglichkeit zum sozialen Aufstieg in einem Ambiente, das vorwiegend durch Leistung geprägt wird. Schliesslich ist die Armee in einer politischen Landschaft, in der die wichtigsten Parteien regionalen und ethnischen Klientelen und nicht einer programmatischen Identität verpflichtet sind, der einzige Garant des nationalen Zusammenhalts, eines Zusammenhalts, den übrigens auch die religiösen Führer, die ebenfalls in feudalistischen Abhängigkeiten stehen, nicht schaffen können.

Am bedrohlichsten für den Zusammenhalt des Landes und für seine politische Stabilität ist das Fehlen eines soliden nationalen Selbstverständnisses. Zunächst sieht sich Pakistan seit seiner Geburt als unerbittlicher Rivale Indiens, mit dem es in drei Kriegsgänge verwickelt war. Zur Zeit des kalten Krieges, als sich Delhi sehr weit gehend mit Moskau verbunden hatte, brachte diese subkontinentale Rivalität internationale Anerkennung und – vor allem nach dem Einmarsch der Sowjets in Afghanistan – beträchtliche militärische und finanzielle Hilfe. Das meiste davon fiel mit dem Fall des eisernen Vorhangs praktisch über Nacht weg. Danach war bis zum Auftauchen von BIN LADIN Pakistan für den Westen und insbesondere für Washington, dem es zuvor als wichtiger Partner gedient hatte – man denke an die Hilfestellung bei Nixons Kontakten zur Volksrepublik China –, nurmehr eine Quantité négligeable. Doch das Verhältnis zu Indien wurde und wird nicht nur durch Rivalität, sondern auch durch einen guten Schuss Neid bestimmt. Man beneidet den in jeder Hinsicht übermächtigen Nachbarn, der zudem seit der Präsidentschaft von RONALD REAGAN, der die indische Intervention in Sri Lanka gutgeheissen hatte, von den Amerikanern *de facto* als südasiatische regionale Vormacht behandelt wird. Nicht nur ist Indien viel grösser, wirtschaftlich und militärisch viel stärker, es hat es auch geschafft, im Gegensatz zu Pakistan eine stabile Demokratie zu errichten. Schliesslich gehört zur verletzten Seele Pakistans auch viel historischer Ballast. Die subkontinentalen Muslime sehen sich als die legitimen Herrscher über ganz Indien, da die letzte einheimische Dynastie, die vor der Ankunft der Briten einst über den grössten Teil Indiens geherrscht hatte, die Moghuln, dem Islam und nicht dem Hinduismus gehuldigt hatte.

Dieser Cocktail von verletztem Nationalgefühl, sozialen Spannungen, wirtschaftlicher Unterentwicklung und religiöser Unrast ist nicht nur für Südasien, sondern für die Welt insgesamt umso gefährlicher, als Pakistan eine erklärte Nuklearmacht ist, die zum einen über etliche Atombomben sowie über einsatzfähige Raketensysteme mit wachsender Reichweite verfügt und die zum andern bei der Weiterverbreitung von Kernwaffentechnologie der bei weitem gefährlichste «rogue state» ist. Von Nordkorea über den Iran bis Libyen haben andere Länder seit Jahren vom pakistanischen Kernwaffenprogramm profitiert – ohne dass die USA und ihre Alliierten, die sich über die Gefährdung durch SADDAM HUSSEINS Arsenal an Massenvernichtungswaffen so besorgt gezeigt hatten, zur rechten Zeit (d.h. in den achtziger Jahren) reagiert hätten. Würde man sich BUSHS Rhetorik und BLAIRS moralische Empörung anschliessen, so gäbe es keine Alternative als Pakistan heute zum «super rogue state» zu erklären. Im Vergleich zum Kleinstaat Irak ist Pakistan mit seinen 150 Millionen Einwohnern und einem Territorium, das mehr als doppelt so gross ist wie die Bundesrepublik Deutschland, ein erheblich komplexeres Gebilde und damit auch ein viel grösserer und unberechenbarer Risikofaktor.

Der grundlegende und letztlich verhängnisvolle Fehler beim jetzigen Vorgehen der USA nicht nur im Irak liegt in der Perzeption der nichtwestlichen, der nichtweissen Welt. Wir kommen hier zurück auf die zu Beginn des Vortrags erwähnte Kiplingsche Formel des «take up the white man's burden». Aus asiatischer – und möglicherweise auch aus anderer Sicht – sind die Signale aus Washington überdeutlich, und es sind Signale, die eher zu temporärer Submission denn zu einer für die langfristige Stabilität der Welt nötigen Partnerschaft führen. Die Signale lauten, auf griffige Formeln gebracht: «bribe, coerce or bomb them into submission»; «teach them a lesson»; «who is not for us is against us». Wie auch der derzeitigen Debatte in den USA selbst zu entnehmen ist, so lässt sich eine Aussen- und Sicherheitspolitik, die auf diesen Prinzipien beruht, nur umsetzen, wenn man voll die imperiale Karte ausspielt – wie dies einst das britische Empire in grossen Teilen der Welt zu tun vermochte. Dies zu realisieren, und hier stimme ich für einmal mit den Bedenkenträgern gegenüber einer Qualifizierung der USA als einer imperialen Macht überein, dazu fehlen den USA nicht nur die für eine im Vergleich zum 18. und 19. Jahrhundert unvergleichlich viel komplexere Welt nötigen militärischen und ökonomischen Mittel, sondern auch der politische Wille und vor allem die Standhaftigkeit. Somit befinden wir uns in der äusserst gefährlichen Situation, dass sich derzeit die Administration in Washington als Protagonistin einer stark imperial gefärbten Aussen- und Sicherheitspolitik gebärdet, dass aber die USA letztlich ein imperialistischer «Papiertiger» sind. Wir hatten zu Beginn des Vortrags diejenigen kritisiert, die bei amerikanischen Misserfolgen klammheimliche Freude empfinden. Wenn sich irgendwelche Achtundsechziger in ihrer Midlife crisis diese Freude leisten, so braucht das die Welt nicht zu kümmern. Gefährlich wird es jedoch, wenn ganze Nationen und potentielle Mächte sich darauf einstellen, dass man gegen die Hochmut des Hegemonen derzeit nichts tun kann, dass aber die Rückschläge und Niederlagen schon kommen werden, und dass man dann den wankenden Koloss in Bedrängnis bringen kann. Besonders gefährlich für die Welt wird es, wenn diese Mentalität nicht nur das Verhalten von ein oder zwei Staaten, sondern von einer ganzen Reihe von Nationen bestimmt.

Blickt man allein auf die Rüstung, so ist die Welt in der Tat unipolar. Niemand kann es mit den USA aufnehmen. Blickt man jedoch auf die Welt insgesamt und die akuten oder potentiellen Krisenherde, die sie beherbergt, so wird klar, dass diese Unipolarität ungenügend ist. Auf der zweiten Ebene unterhalb der Hyperpower USA gibt es eine Reihe von regionalen Mächten, die aus Washingtons wie aus gesamtwestlicher Sicht durchaus nicht nur als gefährliche Rivalen, sondern auch als nützliche Kooperationspartner gesehen werden sollten. Die rasche Kapitulation BUSHS beim Besuch des chinesischen Ministerpräsidenten WEN JIABAO in Sachen Taiwan zeigt, dass eine akute Krise oder gar ein offener Ausbruch von Feindseligkeiten zwischen China und Taiwan derzeit eine gefährliche Herausforderung für die an anderen Orten bereits gebundenen USA wäre. Daraus folgt, eine Weltordnung mit den USA als globalem Polizisten gibt es nicht. Selbst wenn sie in ihrem eigenen Hinterhof Ruhe haben wollen, benötigen die USA die Kooperation anderer Mächte.

Diese Kooperation lässt sich indessen nicht mit Alleingang und manichäischem Diktat, sondern nur über eine utilitaristische Interessengemeinschaft erreichen. Hinter der Vorstellung, dass nur die USA und allenfalls noch ihre westlichen, weissen Alliierten die Fähigkeit und auch das Interesse an einer stabilen internationalen Ordnung haben würden, steckt eine gefährliche Verkennung vieler Interessengemeinsamkeiten, die kulturelle, religiöse und ethnische Grenzen übergreifen. Die Verbreitung von Massenvernichtungswaffen und ein global operierender Terrorismus sind zu Beginn des 21. Jahrhunderts die grössten Gefahren für die zivilisierte Welt, das heisst für all diejenigen Völker und Gemeinschaften, die in Frieden, Ordnung und Wohlstand leben wollen. Washington und London haben nach allerlei Windungen den «regime change», die Absicht, den Irak zum leuchtenden Vorbild der Demokratie zu machen, zum Kriegsziel im Irak erklärt. Bezeichnenderweise kümmern sie sich nicht um das «rogue regime» in Rangoon, obschon es in Myanmar, das nicht nur eine – wenn auch kurze – demokratische Vergangenheit hat, sondern das auch eine demokratische Alternative zur Militärdiktatur bereits besitzt, viel aussichtsreicher wäre, ein Vorbild zu statuieren. Doch die Bedrohung der Welt durch Massenvernichtungswaffen und Terrorismus ist gross genug, und man sollte seine Abwehrkräfte nicht bei der Besetzung von Ländern und bei allerlei zivilisatorischen Missionen verzetteln.

Während des kalten Kriegs war der Westen im Kampf gegen die sowjetische Expansion gezwungen, aus Gründen der Geopolitik und der Versorgungssicherheit mit einer Reihe von recht problematischen Regimen zusammenzuarbeiten und auch Diktatoren und Autokraten zu stützen. Man tat dies in einer weisen Abwägung der eigenen Interessen. Der für den Westen erfolgreiche Ausgang des kalten Kriegs sollte schliesslich jenen recht geben, die im globalen Machtkampf der Realpolitik vor missionarischen Unternehmungen den Vorzug gegeben hatten. Dasselbe sollte nun auch für den Kampf gegen die Verbreitung von Massenvernichtungswaffen und gegen den globalen Terrorismus gelten. Die enormen militärischen, wirtschaftlichen und politischen Ressourcen, die derzeit auf das «nation building» im Irak verwendet werden, sollten vielmehr für den globalen Kampf gegen den Terrorismus eingesetzt werden.

Der weltweit operierende Terrorismus darf nicht auf BIN LADIN und Al Kaida reduziert werden. Es geht hier um eine noch viel gefährlichere Herausforderung an die zivilisierte Welt. Der Kampf zwischen sesshaften Zivilisationen und heimatlosen Prädatoren, die sich nicht aufs Kultivieren, sondern nur aufs Rauben und Entführen beschränken und die ihr Geschäft und ihren Unterhalt aus dem Zerstörungswerk gewinnen, ist uralt. Hinter dem globalen Terrorismus steht eine ganze Vielfalt von solchen zerstörerischen Kräften, die von der Drogenmafia über die internationale Kriminalität, Elemente der abgewrackten Geheimdienste des Ostblocks bis zu fundamentalistischen Gegnern des Westens und seiner Werte reichen. Gemeinsam sind diesem bunten Haufen der Hass auf den Wohlstand und die Ordnung der Sesshaften sowie die Lust am Plündern und Vernichten.

Die Feinde der sesshaften Zivilisationen rekrutieren ihre Kräfte aus den Heimat- und Besitzlosen, wobei dies nicht nur im realen, sondern auch im übertragenen Sinne gelten kann. Sieht man von den Frontkämpfern in Afghanistan ab, so stammen etliche der gefassten Terroristen aus mittelständischen oder gar wohlhabenden Verhältnissen und verfügen häufig über eine gutbürgerliche Ausbildung. Heimatlos sind diese Typen in dem Sinne, dass sie ein tödliches Ressentiment auf die etablierte Gesellschaft besitzen und deshalb zu willigen Handlangern des von Al Kaida gesteuerten Terrorismus geworden sind. Es wäre auch falsch, den globalen Terrorismus mit dem Islam gleichzusetzen. Offensichtlich bedienen sich seine Strategen des islamistischen Fundamentalismus, weil sie damit einen globalen Krieg der Kulturen auslösen möchten, aus dem sie sich ein Maximum an Disruption für die Weltwirtschaft und damit für den Wohlstand und die soziale Ordnung in den sesshaften Zivilisationen erhoffen. Es ist wichtig, die Identifikation von Islamismus und Terrorismus zu vermeiden, nicht nur weil dies eine gefährliche Einengung des Täterbildes mit sich bringen würde – ein Selbstmordattentäter braucht nicht durchweg ein brauner, bärtiger Kerl oder eine verschleierte Frau zu sein –, sondern auch weil eine solche Identifikation die Erkenntnis, wie dem globalen Terrorismus am besten zu Leibe gerückt werden kann, beeinträchtigen würde.

Am Kampf gegen den globalen Terrorismus haben alle diejenigen ein Interesse, die sesshaft sind, die etwas zu verlieren haben. Es handelt es sich dabei durchaus nicht nur um die satte Oberschicht in den westlichen Industriestaaten, sondern es geht um Hunderte von Millionen auch in Entwicklungsländern, die zwar aus unserer Sicht arm erscheinen mögen, die aber, wie der Wirtschaftsnobelpreisträger AMARTYA SEN bei seiner Differenzierung von Armut und Elend aufgezeigt hat, auch etwas zu verlieren haben, sofern ihnen die Gesellschaft den Weg aus der Armut nicht verbaut und ihnen jegliche Hoffnung auf ein besseres Morgen für ihre Kinder nimmt. Vor diesem Hintergrund ist auch der präzedenzlose Aufstieg der Mittelschichten in Asien von zentraler Bedeutung. Dass wir im Kampf gegen den globalen Terrorismus heute optimistisch sein können, hat nicht primär mit den militärischen und technologischen Kapazitäten der USA zu tun. Es ist dieser Optimismus vielmehr eine Folge dessen, dass die Menschheit sich heute an der Schwelle des bedeutendsten Wohlstandsschubs ihrer Geschichte befindet. Was sich derzeit sozio-ökonomisch in Indien und China abspielt, wird im Westen noch von allzu vielen verkannt. Während immerhin die Wirtschaft das Eldorado dieser beiden Milliardenmärkte erkannt hat, hinken Politiker und Strategen in der Nutzung der neuen Optionen, die sich aus Asiens Wiederaufstieg ergeben, noch immer weit hinterher.

Die Aussenpolitik Indiens und Chinas zeigt seit einigen Jahren einen bemerkenswerten Trend zu Mässigung und konstruktiver Beständigkeit. Ein Grund für diese Entwicklung findet sich sicher im Ende des Kalten Kriegs, doch fasst viel zu kurz, wer die Erklärung beim Aufstieg der USA zur alleinigen Supermacht zu finden hofft. Ihre ureigene Interessenlage macht Indien und China heute zu in Metternich'schem Sinne konservativen Mächten. Ihre beschleunigte Integration in die Weltwirtschaft bedingt, dass sie dasselbe fundamentale Interesse an einer stabilen internationalen Ordnung haben wie die Schweiz oder Deutschland. Ähnliches gilt auch für andere, kleinere Staaten in der nichtwestlichen Welt, die in den letzten Jahren eine Mittelschicht und breiteren Wohlstand haben aufbauen können. Blickt man mit dieser Perspektive durch die Welt, so findet man plötzlich eine ganze Reihe von Ländern die wertvolle und engagierte Partner im globalen Kampf gegen den Terrorismus und die Verbreitung von Massenvernichtungswaffen sein können. Voraussetzung für eine fruchtbare Partnerschaft sind allerdings der beiderseitige Respekt und, auf der Seite des Westens, die Anerkennung, dass auch nichtweisse Gesellschaften und Eliten vernünftig, das heisst im Sinne eines aufgeklärten Selbstinteresses, handeln können. Die von Kipling beschworene weisse Bürde sollte demzufolge ein für allemal in der Mottenkiste der Geschichte verstaut werden.

Jakob Kellenberger

Die humanitäre Tätigkeit in Konfliktsituationen heute: Rahmenbedingungen und Herausforderungen

1 Einleitende Bemerkungen

Das Thema behandle ich aus Sicht des IKRK: aufgrund seiner Erfahrung und seiner Wahrnehmung der Verhältnisse. Die Aufgabe des IKRK ist es, das wissen Sie natürlich, Leben und Würde von Opfern bewaffneter Konflikte und interner Wirren zu schützen und diesen zu helfen. Das ist Teil des «Mission-Statement». Beim Ausdruck «versuchen zu schützen» ist mir eigentlich wohler, denn nicht immer gelingt es oder nicht immer im gewünschten Mass. Das IKRK ist weltweit tätig, in allen Krisenphasen und übt seine Schutz- und Hilfstätigkeit für alle konfliktbetroffenen Personengruppen aus. Das IKRK, und zwar in erster Linie auf dem Feld und nicht in der Schreibstube, setzt sich für die Einhaltung der Regeln des humanitären Völkerrechts ein und trägt zu deren Klärung und Weiterentwicklung bei. Wer seine Tätigkeit mit einem etwas längeren Atem verfolgt, mag übrigens, je nach Standpunkt erleichtert oder verärgert, feststellen, dass es im öffentlichen Raum etwas weniger still ist als ihm manchmal nachgesagt wird. Beim Ehrgeiz, vor dem Reden zu überlegen, bleibt es allerdings.

Ende 2003 unterhielt die Organisation ein Netz von rund 230 Delegationen, Unterdelegationen und Büros in 79 Ländern. Die zu 90% von Staaten und der EU-Kommission finanzierte, von allen Staaten und anderen Akteuren unabhängige und neutrale Organisation beschäftigt heute über 12 000 MitarbeiterInnen. 1982 waren es rund 1750, 1991 rund 7000. Zugenommen hat vor allem die Anzahl der in den Einsatzländern direkt engagierten MitarbeiterInnen.

Mit der *Tätigkeit des IKRK* mache ich Sie knapp auf zwei Arten bekannt: mit einem **Auszug** aus der Bilanz des letzten Jahres und der heutigen, im weiteren Ausbau befindlichen Operation im Darfur, im Westen des Sudans. Das IKRK ist nicht nur einer der humanitären Hauptakteure im Darfur; der Sudan ist, vor dem Irak, Afghanistan, der Demokratischen Republik Kongo, Israel und den palästinensischen Gebieten und der Russischen Föderation (vor allem Nordkaukasus mit Tschetschenien) aufgrund der bisher für 2004 geplanten Ausgaben die grösste IKRK-Operation.

Auszug aus der Tätigkeit des IKRK 2003:

1. Die Wasser-, Unterkunfts- und Sanitärspezialisten des IKRK führten in 36 Ländern für 19 Mio. Menschen Projekte in den Bereichen Trinkwasserversorgung, Sanitäranlagen und Unterkunft durch.
2. In den vom IKRK regelmässig unterstützen 67 Spitälern und anderen Gesundheitseinrichtungen wurden mehr als eine halbe Million Menschen medizinisch behandelt und 90 000 chirurgische Eingriffe durchgeführt. Die Organisation unterstützte 59 Orthopädiezentren in 26 Ländern.
3. 1,3 Millionen Menschen erhielten vom IKRK Wirtschaftshilfe in Form von Nahrungsmitteln, Haushaltgeräten, Saatgut usw.
4. IKRK Delegierte besuchten rund 470 000 Gefangene an über 1900 Haftorten in ungefähr 80 Ländern.
5. Rund 1,3 Millionen Rotkreuzbotschaften wurden von IKRK-Delegierten entgegengenommen und verteilt. Dieses System ermöglicht es, Nachrichten zwischen durch Konflikte getrennten Familienmitgliedern auszutauschen. Das IKRK ermittelte den Aufenthaltsort von mehr als 4000 vermissten Personen und half über 2600 Menschen, sich ihrer Familie wieder anzuschliessen.

Ein Fallbeispiel: Die IKRK-Aktion im Darfur/Sudan

Das Darfur im Westen des Sudan nehme ich nicht nur als Beispiel, weil dort seit Monaten eine der grössten, wenn nicht die grösste humanitäre Krise herrscht. Der Konflikt mit seinen schrecklichen Folgen trägt manche Züge, die wir in anderen innerstaatlichen Konflikten angetroffen haben oder antreffen:

- mehrfache, nicht einfach auseinander zu haltende Ursachen (Kampf um Ressourcen, ethnische Spannungen, Spannung Zentrum-Peripherie)
- komplexer Konflikt (mit Regierungstruppen, damit verbundenen Milizen und zwei Rebellengruppen)
- absichtlich direkt gegen die Zivilbevölkerung gerichtete Angriffe. Es wird, auch im Darfur, mehr gelitten als Krieg geführt.

Die Prioritäten des IKRK, in Zusammenarbeit mit dem Sudanesischen Roten Halbmond, werden bis Ende dieses Jahres die folgenden sein:

- Schutz der Zivilbevölkerung durch präventive und korrektive Interventionen bei lokalen und zentralen Behörden. Nähe zur Zivilbevölkerung und Verankerung auf dem Terrain sind Voraussetzung für eine erwähnenswerte Schutzwirkung.
- Unterstützung der medizinischen Strukturen durch deren Wiederinstandstellung, Unterstützung mit Personal (chirurgisch-medizinische IKRK-Einheiten in Al Fasher und Nyala), Versorgung mit medizinischem Material, Ausbildung des medizinischen Personals. Zielgruppen sind Zivilisten, Kranke und Verwundete.
- Versorgung von bis zu 500 000 Personen (im Landesinneren Vertriebene und ständig Wohnhafte) mit Unterkunftsmaterial und wichtigen Gegenständen des täglichen Gebrauchs wie Haushaltgeräte, hygienische Artikel usw.
- Bereitstellung von Trinkwasser und Erstellung sanitärer Anlagen für bis zu 300 000 Zivilpersonen.

- Wiederherstellung der Verbindung zwischen Familienmitgliedern, die durch den Konflikt getrennt wurden, und wenn möglich Zusammenführung. Registrierung der von Eltern getrennten Kinder als wichtige Aufgabe in diesem Zusammenhang.
- Entwicklung der operationellen Kapazitäten des Sudanesischen Roten Halbmondes, insbesondere seiner im Darfur tätigen Zweigstellen.

Aus einer konzeptuellen Perspektive haben Sie mit der IKRK-Aktion im Darfur ein anschauliches Beispiel dafür vor Augen, wie sich Hilfs- und Schutztätigkeit verschränken und ergänzen. Die breite Tätigkeit im medizinischen Bereich oder die Unterstützung Vertriebener unterstützt die Bemühungen, getrennte Familienmitglieder miteinander in Verbindung zu bringen, oder Verletzungen des humanitären Völkerrechts zu dokumentieren.

Ich habe das Darfur auch als ein Beispiel genommen, weil es zeigt, wie das IKRK die Prioritäten setzt und vorgeht, auch in der humanitären Diplomatie. Das IKRK hat dem möglichst breiten Zugang zu den Opfern die Priorität gegeben. Es erwirkte, im Vergleich zu anderen Organisationen, einen vergleichsweise guten Zugang, wusste aber, dass es im Gegenzug dafür in der Öffentlichkeit eine gewisse Zurückhaltung üben und mit der nationalen Rothalbmondgesellschaft eng zusammenarbeiten musste. Wer die Pressemitteilung über meine Gespräche mit dem sudanesischen Präsidenten und mehreren Ministern Anfang März in Khartum gelesen hat, erkennt auch die Grenzen dieser Zurückhaltung und kann sich eine Vorstellung machen von der klaren Sprache, die in den vertraulichen Verhandlungen gesprochen wurde. Wir machen einen sorgfältigen Unterschied zwischen öffentlicher Zurückhaltung und Komplizität.

2 Merkmale des heutigen Konfliktumfeldes

2.1 Die Unübersichtlichkeit

Die *Unübersichtlichkeit der Verhältnisse in Konfliktgebieten* und ihre Vielschichtigkeit gehören zu den Rahmenbedingungen, unter denen eine Organisation wie das IKRK heute arbeitet. Die folgenden Erscheinungen tragen zu dieser Unübersichtlichkeit bei:

- Die Verwischung von Grenzen zwischen militärischer Tätigkeit und humanitärer Tätigkeit, zwischen Kombattanten und Zivilisten, zwischen bewaffneter Tätigkeit mit politischen und verbrecherischen Zielsetzungen, zwischen Regierungstruppen, Milizen und privaten militärischen Dienstleistungsunternehmen, Verwischung der Grenzen auch zwischen verschiedenen Rechtsbereichen;
- die zunehmende Anzahl nicht-staatlicher bewaffneter Gruppen mit sehr unterschiedlichen Zielsetzungen;
- die wachsende Zahl humanitärer Organisationen mit unterschiedlichen Einsatzgrundsätzen. Die Meinungsunterschiede können Stellenwert und Inhalt von Unabhängigkeit und Neutralität betreffen;
- die sich oft überraschend schnell ändernden politischen Stellungsbezüge wichtiger Akteure in aussen- und sicherheitspolitisch äusserst sensiblen Fragen,
- die teilweise Verwicklung lokaler Konflikte mit weltweiten Auseinandersetzungen;
- die Relativierung von Rechtsvorschriften mit dem Argument oder Vorwand, die Welt sei «neu». Die so Argumentierenden bekunden auf Anfrage in der Regel enorme Mühe, das «Neue» genauer zu bestimmen. Um es vorwegzunehmen: Die Dimension, die Terrorismus und Antwort darauf angenommen haben, sowie die zunehmende Bedeutung nicht-staatlicher bewaffneter Gruppen sind für mich vergleichsweise neue Erscheinungen. Zum Ausrufen einer neuen Epoche reichen sie aber kaum aus;

- mangelnde Genauigkeit im Umgang mit Sprache. Unterschiedliches versinkt im grauen Brei allgemeiner, nicht näher bestimmter und gerade deshalb besonders zugkräftiger Begriffe.

2.2 Die Polarisierungs- und Radikalsierungstendenzen in der Welt entlang verschiedener Bruchstellen haben zugenommen. Überhitztes Pathos trägt zu dieser unglücklichen Entwicklung oft stärker bei als die komplexeren Verhältnisse in der Wirklichkeit. Die Bruchstelle zwischen der so genannten westlichen und der so genannten islamischen Zivilisation wird gerne in den Vordergrund gestellt. Mehr Beachtung verdiente, dass die Bruchstellen weniger zwischen Zivilisationen als den radikalen Kreisen verschiedener Zivilisationen verlaufen. Das Übergehen von Gemeinsamkeiten und die Radikalisierung der Unterschiede ist das eigentliche Geschäft, das diese Kreise betreiben. Liberale Ordnungen, Raum lassend und wenig bekenntnisintensiv, sind an zu vielen Orten in der Defensive. Man sollte Polarisierungen nicht unüberlegt herbeireden. Wir wissen, wie stark unsere Wahrnehmung begriffsgeprägt ist.

2.3 Die Bürgerkriege, teilweise internationalisiert, (oft auch innerstaatliche, innergesellschaftliche Kriege genannt) prägen die weltweite Konfliktlandschaft seit einigen Jahren. Die zwischenstaatlichen Kriege, als Teil des Kampfes gegen den Terrorismus (Afghanistan 2001/2002) oder aus anderen Gründen (Irak 2003), bilden die Ausnahme in den letzten Jahren. Acht der zehn grössten IKRK-Operationen finden im Rahmen innerstaatlicher Konflikte oder in der unmittelbar auf innerstaatliche Konflikte folgenden Übergangsphase statt, die beiden übrigen in besetzten Gebieten (Irak, palästinensische Gebiete). Organisation und Ziele der bewaffneten Gruppen in Bürgerkriegen sind oft unbekannt oder unklar. Die Anwendung militärischer Gewalt zum blossen Selbstunterhalt bewaffneter Gruppen ist häufig. Sie sind auch deshalb nicht unbedingt an einem Konfliktende interessiert. Viele dieser Gruppen kennen das humanitäre Völkerrecht nicht oder ignorieren es. Manche kennen überhaupt keine Tabus. In der grossen Mehrzahl der heutigen Kriege werden keine grossen Schlachten mehr geschlagen. Wann ein Krieg beginnt und wann er aufhört, ist meist unklar. Friedensabkommen werden oft ebenso rasch geschlossen wie gebrochen. Die in manchen Gebieten herrschende Unklarheit in der Frage, ob das Ende einer bewaffneten Auseinandersetzung nur vorübergehend ist oder tatsächlich einen gefestigten Frieden einläutet, hat das IKRK dazu geführt, den Begriff der «postkonfliktuellen Phase» durch den der «Übergangsperiode» zu ersetzen. Viele Konflikte werden als Konflikte geringer Intensität bezeichnet. Die geringe Intensität bezieht sich dabei auf die Kampftätigkeit zwischen den Kriegsparteien, nicht die humanitären Folgen für die Zivilbevölkerung. Diese wird mit hoher Intensität geplagt und geplündert. Umfang und Intensität der militärischen Tätigkeit stehen bei Bürgerkriegen in der Regel in keinem Verhältnis zu den Leiden der betroffenen Zivilbevölkerung. Es wird viel mehr gelitten als Krieg geführt, gelitten vor allem von Frauen, Kindern, älteren Leuten und Kranken. Meist sterben zudem sehr viel mehr Menschen an den Sekundärfolgen des Krieges – zusammengebrochene Gesundheits-, Sozial-, Versorgungs- und Sicherheitssysteme – als durch direkte bewaffnete Gewalt.

Ich weiss übrigens nicht, ob Sie nicht auch schon die folgende Feststellung gemacht haben: Die zunehmende Bedeutung nichtstaatlicher bewaffneter Gruppen für das Konfliktgeschehen und die humanitären Folgen gilt als ein hervorstechendes Merkmal des heutigen Konfliktumfeldes. Die Vielfalt dieser Gruppen ist gross, dennoch wird einer Typologie vergleichsweise wenig Aufmerksamkeit zuteil. Es gäbe aufschlussreiche Einteilungskriterien wie:

- Grad der Internationalität
- Zielsetzung
- Bereitschaft, das humanitäre Völkerrecht zu respektieren usw.

Aufmerksamkeit verdient auch, ob bei der Einstufung als «terroristisch» einheitliche Kriterien zur Anwendung kommen, resp. wie weit politische Opportunität ins Spiel kommt.

2.4 *Die Globalisierung* und damit auch verbundene Deregulierung haben den Status und die Handlungsmöglichkeiten nichtstaatlicher Akteure erhöht. Wir denken dabei in erster Linie an Wirtschaftsunternehmen. Bewaffnete Gruppen, ob innerhalb eines Staates oder grenzüberschreitend tätig, gehören aber auch zu diesen nichtstaatlichen Akteuren. Die Instrumente, welche die Beschleunigung der Globalisierung ermöglicht haben (Information, Kommunikation, Transporte), können konfliktverlängernd wirken, indem sie es bewaffneten Gruppen und teilweise Staaten leichter machen, sich mit Geld und Waffen zu versorgen. Das gilt insbesondere für Akteure mit Zugang zu Rohstoffen, die sie in den weltweiten Handelskreislauf einführen können. Die Instrumente der Globalisierung erleichtern auch die Integration der Diaspora in die Kriegsanstrengungen. Sie bieten der internationalen Gemeinschaft allerdings auch zusätzliche Handlungsmöglichkeiten zur Förderung des Friedens. *Laissez faire* ohne ein erweitertes Verantwortungsbewusstsein derer, welche die Instrumente handhaben, droht diese allerdings eher in den Dienst des Konfliktes zu stellen.

2.5 *Der zerfallene oder zerfallende Staat* ist ein Merkmal des heutigen Konfliktumfeldes. Ich kann im Rahmen dieses Beitrages nicht den inneren und den äusseren Ursachen solchen Zerfalles nachgehen. Es sind in der Regel mehrere, je nach Kontext in unterschiedlicher Zusammensetzung. Das Gewicht der Geschichte, besser: der dominierenden Darstellung der Geschichte, sieht man sich gewisse Entwicklungen näher an, lässt sich gar nicht überschätzen. Mir kommt es hier vor allem auf die Feststellung an, dass es auf dieser Welt weite Gebiete ohne staatliches Gewaltmonopol und ohne staatliche Grundversorgung in vielen Bereichen gibt.

2.6 Der globale «Kampf» gegen den Terrorismus als Antwort auf die neue Dimension, welche der Terrorismus seit dem 11. September 2001 angenommen hat, gehört auch zu den Merkmalen des heutigen Konfliktumfeldes. Die Form des bewaffneten Konfliktes oder Krieges im Sinne des humanitären Völkerrechts hat dieser Kampf bisher erst in einem Falle, dem am 7. Oktober 2001 ausgelösten Angriff der von den USA angeführten Allianz gegen das Taliban-Regime in Afghanistan, angenommen. Das IKRK ist betroffen und zum Handeln aufgefordert, wenn terroristische Anschläge im Rahmen bewaffneter Konflikte geschehen und der Kampf gegen den Terrorismus die Form des Krieges annimmt. Das hartnäckige Bestehen des IKRK darauf, dass auch im Kriege gegen den Terrorismus das im humanitären Völkerrecht angestrebte Gleichgewicht zwischen legitimen staatlichen Sicherheitsinteressen und der Respektierung menschlichen Lebens und menschlicher Würde nicht auf Kosten der menschlichen Würde gestört wird, wird Ihnen nicht entgangen sein. Wir haben sehr handfeste Gründe, darauf zu bestehen, und zwar nicht nur an Orten, die Ihnen möglicherweise zuerst in den Sinn kommen. Unnötig ist es vermutlich, wenn ich daran erinnere, dass terroristische Anschläge auch in bewaffneten Konfliktsituationen gegen die elementarsten humanitären Grundsätze und spezifische Bestimmungen der 4. Genfer Konvention und der beiden Zusatzprotokolle verstossen.

2.7 Der *erschwerte Zugang* zu den von bewaffneten Konflikten Betroffenen, das erhöhte Risiko der Instrumentalisierung oder Verwerfung humanitärer Hilfe, das erhöhte Sicherheitsrisiko, dem Mitarbeiter humanitärer Organisationen ausgesetzt sind und die Anwendung unterschiedlicher Massstäbe auf vergleichbare Situationen, sind auch zum heutigen Umfeld zu zählen.

3 Herausforderungen

Sich unter verantwortbaren Sicherheitsbedingungen für das eigene Personal weltweit den Zugang zu den Opfern bewaffneter Konflikte zu verschaffen, bleibt die grösste Herausforderung für das IKRK. Die Aufgabe, wie einige eben erwähnte Umfeldmerkmale zu verstehen geben, ist nicht einfacher geworden. Das geschilderte Umfeld verdeutlicht auch, dass gelebte und kommunizierte konzeptuelle *Klarheit* in Bezug auf Einsatzgrundsätze und humanitäre Tätigkeiten heute besonders wichtig sind. Man hat sich schliesslich über die eigene Fähigkeiten und Mittel im Klaren zu sein, damit die verfolgten Ziele im Einklang mit den eigenen Möglichkeiten stehen. In einem Lieblingsthema der humanitären Debatte, der Koordination und Zusammenarbeit zwischen humanitären Organisationen, vertrete ich unverändert und mit Nachdruck die Auffassung, die wichtigste Voraussetzung für eine nützliche Koordination sei es, dass jede Organisation die erklärten Ziele mit den tatsächlichen Möglichkeiten, diese zu verwirklichen, in Einklang bringt. Das IKRK befürwortet Kooperation und Koordination ohne Berührungsängste. Selbstzwecke sind beide nicht. Sie müssen den Wirkungsgrad der humanitären Aktion erhöhen.

3.1 Zugang und Sicherheit

Der Zugang zu den Opfern und Betroffenen bewaffneter Konflikte und interner Gewalt, um diese schützen und ihnen helfen zu können, ist das erste Ziel einer Organisation wie des IKRK. Wir sind gleichzeitig dafür verantwortlich, das denkbar Möglichste für die Sicherheit der eigenen Mitarbeiter zu unternehmen, denen es nicht an Mut und Motivation fehlt, sich diesen Zugang zu verschaffen. Sie sind – wir mussten dies letztes Jahr mehrfach schmerzlich zur Kenntnis nehmen – ihrerseits für gewisse Gruppen und Einzelpersonen zur Zielscheibe geworden. Das ist leider nicht neu, doch scheint die Hemmschwelle in einer Welt zunehmender Polarisierung und Radikalisierung weiter zu sinken. Will eine Organisation wie das IKRK in diesem Umfeld ihre Aufgabe weiterhin weltweit erfüllen – und das will sie – dann muss sie sich der Akzeptanz ihrer Gegenwart und Tätigkeit in einem Konfliktgebiet bei allen Parteien, die einen Einfluss auf das Konfliktgeschehen und dessen humanitären Folgen haben, versichern. Das ist eine schwierige Aufgabe, gerade heute. Die Zugangsschwierigkeiten in einzelnen Gebieten, die verschiedene Gründe haben, dürfen aber den Blick dafür nicht verstellen, dass das IKRK, welches übrigens die Hälfte seiner humanitären Tätigkeiten in der islamischen Welt durchführt, unverändert einen hohen Grad der Akzeptanz und einen wohl einzigartigen Zugang zu den Konfliktgebieten hat. Zugangsprobleme aus Sicherheitsgründen haben wir gegenwärtig vor allem in Teilen Iraks, in den ländlichen Gebieten der Paschtunprovinzen in Afghanistan, im Nordosten der Demokratischen Republik Kongo und im Norden Ugandas, zeitweise und in gewissen Teilen Tschetscheniens.

Die Möglichkeiten, unsere humanitäre Tätigkeit im Westen des Sudans auszuüben, haben sich in den letzten Monaten verbessert. Mit einer flexibleren, weniger sichtbaren Arbeitsweise werden auch in Gebieten wie dem zentralen und südlichen Irak wichtige Tätigkeiten weitergeführt, wobei die Besuche der Gefangenen seit dem Frühjahr 2003 im Vordergrund stehen.

3.2 Konzeptuelle Klarheit als Antwort auf die Unübersichtlichkeit

Ich habe die Unübersichtlichkeit der Verhältnisse als ein Merkmal des Umfeldes erwähnt, in dem eine Organisation wie das IKRK heute arbeitet. Wie antwortet das IKRK auf diese Herausforderung?

Erstens dadurch, dass es seine Analysekapazität stärkt und Zusammenhängen zwischen weltweiten und regionalen Konfliktlinien nachspürt. Nichts ersetzt aber die genaue Analyse der Verhältnisse in den einzelnen Konfliktgebieten. Ein Vergleich der unterschiedlichen Bürgerkriegsgeschichte im Sudan und in Liberia kann als ein Beispiel unter anderen dienen. Der praktische Nutzen geostrategischer Höhenflüge für die Tätigkeit auf dem Terrain ist beschränkt.

Zweitens dadurch, dass es seine Einsatzgrundsätze erklärt und nach ihnen handelt, weltweit und auf Dauer. Kompromisslein in einer Ecke der Welt sind in allen anderen Ecklein rasch bekannt. Unabhängigkeit bedeutet im Falle des IKRK auch heute, unabhängig von nationalen oder internationalen politischen Entscheidungsprozessen zu planen und zu handeln, auf militärischen Schutz der eigenen Anlagen und Operationen grundsätzlich zu verzichten, was immer auch kurzfristig die Versuchung sein mag. Neutralität bedeutet, keine Partei zu ergreifen zwischen Konfliktparteien, handle es sich um staatliche oder nicht-staatliche, innerhalb eines Landes oder grenzüberschreitend tätige. Und über das elementare Erfordernis der Unparteilichkeit aller Hilfe muss ich mich wohl nicht weiter auslassen.

Drittens durch die Schaffung konzeptueller Klarheit im eigenen Tun, nach innen und nach aussen. Kritische Wachsamkeit gegenüber möglichen Unklarheiten im eigenen konzeptuellen Rüstzeug ist unerlässlich. Ein Beispiel: Das über die letzten Jahre stark gewachsene IKRK ist ein wichtiger Akteur im Bereich der Schutz- und der Hilfstätigkeiten (medizinische Hilfe, wirtschaftliche Sicherheit, Trinkwasserversorgung, Schaffung von Unterkünften und Sanitäranlagen usw.). Im internen Gespräch und im Dialog mit den Geberstaaten kommt auch die Frage immer wieder auf, wo und wie weit das IKRK in seiner Hilfstätigkeit – über 50% der Ausgaben – zu gehen gedenkt. Der Hinweis, dass Schutz- und Hilfstätigkeit unauflösbar miteinander verbunden sind, ist zentral, auch akzeptiert und gleichwohl nicht genügend. Das IKRK hat deshalb im Mai ein Konzeptpapier verabschiedet, wo die wichtigsten Kompetenzen und Mittel im Hilfsbereich analysiert werden. Auf dieser Basis wird festgelegt, welche Hilfstätigkeiten in welcher Krisenphase im Vordergrund stehen sollen. Hergestellt wird auch eine Verbindung zwischen den verschiedenen Hilfstätigkeiten und den fünf verschiedenen Aktionsarten der Organisation: die Überzeugungsarbeit, die Mobilisierung anderer, die öffentliche Beanstandung von Missständen, die Unterstützung bestehender Strukturen in Konfliktgebieten und die direkte Hilfsleistung dort, wo es keine Strukturen zu unterstützen gibt. Der Zerfall staatlicher Strukturen in manchen unserer Einsatzgebiete hat in Bezug auf die Aktionsarten zur Folge, dass der direkten Hilfsleistung wegen fehlender funktionierenden Strukturen eine immer grössere Bedeutung zukommt. Da die Öffentlichkeit vom IKRK in jüngster Zeit vor allem im Zusammenhang mit seinen Schutzaufgaben (Besuche von Gefangenen, Suche von Vermissten, Übermittlung von Nachrichten zwischen getrennten Familienmitgliedern, Familienzusammenführungen, Überwachung des humanitären Völkerrechts) gehört hat, liegt mir besonders an der Erinnerung an die beruflichen Kompetenzen (im IKRK sind rund 80 Berufe vertreten) und logistischen Kapazitäten des IKRK im Hilfs- oder Unterstützungsbereich. Sie liegen vor allem in folgenden Bereichen:

- Medizinische Notfalldienste (Chirurgie, Medizin, Pädiatrie) und Spitalverwaltung
- Wiederinstandstellung medizinischer Strukturen und anderer Gebäude
- therapeutische Ernährungsprogramme
- Programme zur körperlichen Rehabilitierung
- Gesundheitswesen in Gefängnissen
- Produktion, Lagerung und Verteilung von Trinkwasser
- Bau von Schutzunterkünften und Sanitäranlagen
- Verteilung von Nahrungsmitteln, Saatgut, Dünger, Werkzeugen
- Aufbau der Landwirtschaft und Bewässerung
- Unterstützung in der Viehbewirtschaftung

Es ist charakteristisch für das IKRK, dass es in verschiedenen Bereichen professionelle Hilfe anbieten kann.

3.3 Konfliktanalyse und humanitäre Diplomatie

Aus der Schilderung des unübersichtlichen und verwickelten Konfliktumfeldes kämen Sie selbst auf den Schluss, dass wir die Analysekapazitäten im Hause weiter gestärkt haben, insbesondere durch die bessere Vernetzung der verschiedenen Stellen, wo Konfliktentwicklungen und -perspektiven analysiert werden. Das im Hause vorhandene, in jahrelanger Terrainerfahrung vertiefte und erhärtete Wissen verblüfft mich immer wieder. Wir müssen es einfach noch etwas systematischer zusammenbringen und vor allem die Einflüsse globaler Trends auf lokale Konfliktsituationen gut berücksichtigen. Der wirklich anspruchsvolle Job bleibt allerdings die umsichtige lokale Konfliktanalyse, zweifelsohne eine beneidenswerte Stärke der Institution. Die Aufgabe der humanitären Diplomatie ist es, die Operationen auf dem Terrain zu unterstützen oder, in gewissen Fällen, überhaupt erst möglich zu machen. Die erwähnten Polarisierungstendenzen erklären, dass es heute mehr als auch schon Aufgabe der humanitären Diplomatie des IKRK ist, Arbeit und Einsatzgrundsätze der Institution in verschiedenen Ländern an höchster Stelle zu erklären. Stellen Sie sich nur den zusätzlichen Erklärungsbedarf für eine Organisation wie das IKRK vor, wenn in der westlichen Welt Worte wie «Kreuzzug» fallen, in einer Dialektik des «Für oder gegen mich» sich die Akzeptanz neutralen Verhaltens aufzulösen droht oder die Welt vorzugsweise als Zusammenprall zwischen Zivilisationen erklärt wird. Das Bedürfnis nach Übersichtlichkeit in unübersichtlicher Zeit droht auch unwirklich einfache Welterklärungsmuster zu produzieren und wird ohne Zweifel neue produzieren. Die humanitäre Diplomatie des IKRK spielt sich auf verschiedenen Ebenen ab und wird durch eine eigens dafür geschaffenen Einheit koordiniert. Dass Riad, Kuwait, Khartum, Abu

Dhabi, Bahrein, Doha, Amman und Kairo zu meinen Reisezielen der letzten Monate gehörten, mag Sie ebensowenig erstaunen wie meine Teilnahme als Beobachter am Gipfel der Staats- und Regierungschefs der Organisation der Konferenz der islamischen Staaten letzten Oktober in Malaysia oder an der Parlamentarischen Versammlung der gleichen Organisation im März in Dakar.

3.4 *Der Einsatz für das humanitäre Völkerrecht* war für das IKRK stets eine Herausforderung. Das Ausmass der Herausforderung hat mit Relativierungsversuchen gewisser Vorschriften im Rahmen des Kampfes gegen den Terrorismus und der totalen Missachtung dieses Rechts durch gewisse nicht-staatliche bewaffnete Gruppen aber noch zugenommen.

Die mangelhafte Respektierung des humanitären Völkerrechtes wird einer breiteren Öffentlichkeit in der Regel nur selektiv und schubweise bewusst an Beispielen, die plötzlich in den medialen Vordergrund rücken. Sie ist jedoch seit Jahrzehnten auf breiter Ebene eine schmerzliche Tatsache. Sie werden mir entgegenhalten, das humanitäre Völkerrecht teile dieses Schicksal mit anderen Bereichen des Völkerrechts, und sie haben mit der Bemerkung natürlich Recht. Nur: Die menschlichen Folgen der Missachtung des humanitären Völkerrechts sind besonders schwerwiegend.

Der Einsatz für die Respektierung des humanitären Völkerrechts, den die IKRK-Delegierten täglich auf dem Feld leisten, ist in letzter Zeit aus verschiedenen Gründen schwieriger geworden:

- das Verhalten nicht-staatlicher bewaffneter Gruppen beeinflusst die humanitären Folgen in Konfliktgebieten immer stärker. Viele von ihnen fühlen sich durch dieses Recht in keiner Weise gebunden und missachten es gewissermassen lückenlos;
- die Stimmen verstummen nicht, welche suggerieren, wichtige Teile des humanitären Völkerrechts seien dem neuen Zeitalter des Krieges gegen den Terrorismus nicht mehr angemessen;

- die Bereitschaft der Staaten, sich für die Beachtung des humanitären Völkerrechts durch Dritte einzusetzen (Artikel 1 der Genfer Konventionen) bleibt sehr beschränkt und abhängig von der nationalen Interessenabwägung des jeweiligen Augenblicks. Es sind die Staaten, welche ihre Interessen definieren, bald enger, bald weiter;
- das Klärungsbedürfnis einiger Kernbegriffe des humanitären Völkerrechts ist gerade im Umfeld des so genannten Krieges gegen den Terrorismus offenkundiger geworden. Beispiel: Was ist genau unter «direkter Teilnahme an Feindseligkeiten» zu verstehen?

Das IKRK hat mit seinem der 28. Internationalen Konferenz der Rotkreuz- und Rothalbmondbewegung vorgelegten Bericht über das humanitäre Völkerrecht und die Herausforderungen zeitgenössischer bewaffneter Konflikte (International Humanitarian Law and the Challenges of Contemporary Armed Conflicts) auf diese Tendenzen reagiert. Es hat sich insbesondere auch über Verfahren und Methoden ausgesprochen, welche zu einer besseren Beachtung dieses Rechtes führen könnten. Wie in der Vergangenheit wird das IKRK auch in der Zukunft zudem Anstösse zur Entwicklung des humanitären Völkerrechts machen, insbesondere was die Entwicklung und Verwendung von Waffen, vielleicht aber auch den Ausbau der auf interne Konflikte anwendbaren Regeln angeht. Eine Lagebeurteilung in der zweiten Frage wird man aber erst nach den Konsultationen mit den Staaten über den zu erscheinenden Expertenbericht über das humanitäre Völkergewohnheitsrecht vornehmen können. Heute muss der Schwerpunkt eindeutig dem Kampf gegen die Relativierung des bestehenden Rechtes und für dessen bessere Respektierung gelten.

3.5 Diskretion und Wirksamkeit der humanitären Aktion oder vom Reden und vom Schweigen im öffentlichen Raum

Kohärent zu sein *im öffentlichen Reden und im öffentlichen Schweigen* ist ein Grundbestandteil der Glaubwürdigkeit des IKRK. Obwohl sich hastig jagende öffentliche Appelle und Betroffenheitsbekundungen in der Regel als wirkungslos erweisen, werden an das öffentliche Wort unverändert grosse Hoffnungen geknüpft oder es wird, mitunter aus taktischen Gründen, wenigstens getan als ob. In einem am 27. Juni 2001 in Zürich gehaltenen Vortrag mit *«Gedanken zum Reden und zum Schweigen»* sagte ich gegen den Schluss: *«Der Entscheid über öffentliches Reden und Schweigen ist in einer Organisation wie dem IKRK ein besonders schwieriger, weil unter Umständen folgenreicher. Das IKRK darf seinen Kernauftrag, unabhängig von öffentlichen und anderen Stimmungen, nie aus dem Blick verlieren. Es braucht aber auch ein feines Gespür für den Augenblick, wo es seine Stimme öffentlich erheben muss. Wenig wünsche ich mir mehr als dieses Gespür im entscheidenden Augenblick zu haben.»*

Die Antwort auf die Frage, ob man dieses Gespür hatte, entscheidet sich letztlich daran, ob man mit dem Gang an die Öffentlichkeit die Verhältnisse der zu schützenden Menschen verbessern kann. Diese Beurteilung ist nicht einfach, einfacher noch für die besondere Situation, auf die sich die öffentliche Stellungnahme bezieht, als auf andere Gebiete, wo die Organisation tätig ist. Die Beurteilung der Auswirkungen öffentlicher Stellungnahmen im Falle einer Organisation wie des IKRK hat aber aus einer weltweiten Perspektive zu erfolgen. Eine Organisation, deren Delegierte letztes Jahr 470 000 Gefangene an über 1900 Haftorten in rund 80 Ländern besuchten, muss überlegen, was eine öffentliche Verurteilung der Verhältnisse in den Gefängnissen im Lande A für seine Zugangsmöglichkeiten zu den Gefängnissen in den Ländern B und C bedeutet. Und dann geht bei der verständlichen Empörung über öffentlich bekannt gewordene widerliche

Verhältnisse an einem Ort die für den Entscheid des IKRK über öffentliche Stellungnahmen wichtige Frage unter, wie es wohl an anderen Orten aussehen mag, die das IKRK besucht, und solchen, wo ihm der Zugang gar verwehrt ist. Mitunter kommt es auch zu missverständlichen Gegenüberstellungen der Art: Diskretion versus Effizienz. Die Diskretion ist dazu da, die Effizienz der humanitären Aktion zu erhöhen, aus einer weltweiten, nicht einer lokalen Perspektive. Leistet sie dies nicht mehr, ist sie radikal zu hinterfragen. Ich lege grossen Wert auf Kohärenz bei öffentlichen Stellungnahmen des IKRK: Wird unter bestimmten Verhältnissen an einem Ort der Schritt an die Öffentlichkeit entschieden, muss das gleiche bei vergleichbaren Verhältnissen an einem anderen Ort gelten, auch wenn die Konsequenzen für die Tätigkeiten der Organisation verschieden sein werden. Kohärenz und Voraussehbarkeit sind ein kostbares Gut.

Das IKRK bevorzugt die vertrauliche Demarche, wenn die Verhältnisse an Haftorten oder im Kampfgebiet gegen die Vorschriften des humanitären Völkerrechts verstossen. Erst wenn wiederholte vertrauliche Demarchen mit dem Ziel, den beanstandeten Verhältnissen ein Ende zu setzen oder diese mindestens zu verbessern, versagen, erwägt das IKRK den Schritt an die Öffentlichkeit. Den Entscheid fällt es aber erst, wenn es zusätzlich zur Überzeugung gelangt ist, dass der Schritt an die Öffentlichkeit im Interesse der betroffenen Menschen steht. In Wirklichkeit erfolgt der Schritt an die Öffentlichkeit in der Regel stufenweise. Ein Vergleich der öffentlichen Stellungnahmen des IKRK zu Guantánamo vom Februar 2002, Mai 2003 und Januar 2004 liefert dafür ein Beispiel. Vor dem Schritt an die Öffentlichkeit wird natürlich auch überlegt, welche konkreten Verbesserungen vom Schritt erwartet werden dürfen. Die in der Regel, mit wenigen Ausnahmen, dürftige Bilanz öffentlicher Proteste, Betroffenheitsbekundungen und Verurteilungsgesten ist beim Entscheid ebenfalls zur berücksichtigen. Der Respekt der Vertraulichkeit verlangt oft viel Disziplin und ein wenig Demut in einer Umwelt, wo die unvorteilhafte Verbindung zwischen wenig Wissen und grosser Urteilslust vergleichsweise häufig auftritt. Wie gross war beispielsweise die Versuchung, auf Kommentare, die vertraulichen Demarchen im Zusammenhang mit den Zuständen in irakischen Gefängnissen hätten nichts gebracht, nicht aufzuzählen, welche Verbesserungen die IKRK-Delegierten nach ihren Besuchen in Abu Ghraib vom 4.–8. Januar und 14.–18. März antrafen? Wie immer die Sache im Nachhinein, und aus welchen Gründen auch immer, dargestellt wird, gibt es für mich keinen Zweifel, dass die lange vor der Veröffentlichung der widerlichen Photos erwirkten Verbesserungen auch, wenn nicht zum grössten Teil, auf die unmissverständlichen Forderungen des IKRK zurückzuführen waren. Ich sage das nicht aus einem Rechtfertigungsbedürfnis unserer Arbeitsmethode, sondern um zu zeigen, dass wir es uns mit der Vertraulichkeit oft selbst in der Öffentlichkeit ziemlich schwer machen. Auch Leuten, die sich aus pädagogischer Berufung zu raschen Urteilen hinreissen lassen, können wir nicht wirklich einen Vorwurf machen, wenn wir ihnen wichtige Informationen, weil vertraulich, nicht geben. Die öffentliche Anklage ist übrigens tatsächlich oft die grosse, die befreiende Versuchung. Die Neugierde auf die öffentliche Reaktion, wenn das IKRK im Anschluss an die öffentliche Verurteilung von Verhältnissen in einem Land das Feld räumen muss und niemand nachrückt, könnte die Versuchung zusätzlich erhöhen. Versuchungen sind aber nicht Handlungsmassstäbe. Der Zeitpunkt kann kommen, wo der Schritt an die Öffentlichkeit der einzig richtige ist und die Annahme wäre anmassend, dass man sich hier nicht irren kann. Bis jetzt, davon bin ich überzeugt, haben wir, in schwieriger Zeit, den Weg gefunden.

4 Schlussbemerkungen

Professionalität und Effizienz sind die Worte, mit denen das IKRK an den Orten, wo es darauf ankommt, am häufigsten charakterisiert wird. Ich bin froh, dass wir an der Wirksamkeit unserer humanitären Operationen gemessen werden, sind wir doch keine moralische Lehranstalt und kein öffentliches Betroffenheitsbekundungskompetenz-Zentrum. Dass wir kämpfen gegen Missachtung und Verwässerungsversuche des humanitären Völkerrechts, haben wir, manchmal ein bisschen allein, bewiesen. Und mit uns ist weiter zu rechnen, auch wenn sich die politische und mediale Aufmerksamkeit anderen Gegenständen zuwendet. Sorgen macht mir manchmal der Gedanke, man könnte mit dem IKRK unverhältnismässige Erwartungen verbinden in einer Zeit, die doch etliche Mühe mit Nuancen, Grössenordnungen und Vergleichen bekundet. Um ein Beispiel aus einer unserer humanitären Tätigkeiten zu nehmen: Die Regel ist nicht, dass die verantwortlichen Behörden nach einem Gefängnisbesuch allen IKRK-Empfehlungen nachleben. Die Regel ist, dass nach jedem Besuch schrittweise Verbesserungen erkämpft werden müssen und öfters, aber nicht immer, auch erkämpft werden. Die Bedeutung so genannt kleiner Verbesserungen für die Betroffenen in den verlassensten Ecken dieser Welt können wir, denen es doch leidlich gut geht, wohl nicht ganz ermessen. Die Wirkung unserer Interventionen zur Respektierung des humanitären Völkerrechts in Konfliktgebieten ist manchmal erheblich, manchmal bescheiden oder bleibt gar aus. Aber wie wären die Zustände, wenn sich die Delegierten auf dem Feld und die humanitäre Diplomatie des Hauses nicht mit Rückgrat hartnäckig dafür einsetzten? Was alles verhindert schon die blosse Präsenz der Delegierten in Konfliktgebieten? Und dann, in Momenten quälender Zweifel, die unabweisbare Tatsache, dass das IKRK Hunderttausenden der verwundbarsten Menschen wirkungsvolle Hilfe leistet.

Das IKRK wird sich Mühe geben, auch in Zukunft seine Verantwortung mit humanitärem Ehrgeiz und einer Prise Demut so gut als möglich wahrzunehmen, mit einem klaren Akzent auf seiner operationellen Leistungsfähigkeit und kompromisslos, nicht unbedingt lärmig, beim Einsatz für menschliches Leben und menschliche Würde. Für Opportunismus und schielen auf tagesaktuelle Antipathien und Sympathien sehe ich keinen Platz, nicht einmal ein Plätzchen.

George P. Shultz[1]

A changed World

I am privileged to be here and to speak about events at this time. Switzerland is the most international of countries, small in size, but huge on the international stage. I remember coming here in 1984 to negotiate with Gromyko about the renewal of arms control talks. Of course, the big event took place here in Switzerland when President REAGAN and General Secretary GORBACHEV met, and that started their relationship. Both of these meetings occurred at the beginning of the end of the cold war. We see central bankers leaving Zurich and moving around the world, and we have the feeling that they are running the world quietly, but it's all happening right here. There are many important international organizations here, and I could go on and on about the unique aspects of your country. But the point I want to make is that it is a very special privilege to come to such a country and to discuss the key issues of the economy and security that will affect the way the world works.

1 Imbalances of payment and the deficit

I believe the issues are global in scope and so intermeshed that you have to address them in a comprehensive way. This is my agenda for this evening: I want to say a word about the U.S. economy and its large imbalances of payments and trade. Then I want to talk about comparative demography. I've been studying this subject for a while, and I think it is one of the most underrated subjects for people to give attention to. I will talk about ter-

1 This is the transcript of a speech by Secretary SHULTZ held at the University of Zurich on April 14, 2004.

rorism, of course. And I want to talk about what I regard as our over-dependence on oil and the need to do something about it. I hope you'll stick with me. I'm going to test your attention span with such a daunting agenda, but that's my road map for this evening.

I will begin with the U.S. economy. I think when you're looking at the world economy you have to start with the U.S. economy because it's so large; it's close to a third of the world economy. More than that, it has a disproportionate share of the creative and dynamic aspects that are moving things toward the future. Coming from Stanford, I'm acutely aware of this because it is one of those places that encourages professors to work on useful inventions. At some institutions, professors are expected to talk about abstractions and are not expected to say anything useful. But at Stanford, if you invent something that develops into a company like Hewlett Packard or Cisco, that's encouraged. There is an atmosphere of creativity and dynamism there.

I think it's fair to say that the U.S. economy is now in the early stages of a strong expansion, and it's a special kind of expansion because the rate of productivity gain is astonishing. It's greater, by an order of magnitude, than what we have seen in earlier times. This has big implications for where your standard of living is going, but it also means that you can operate your economy at a lower level of unemployment without inflation, so bear that in mind as you judge what looks like the looseness of the Federal Reserve's monetary policy. I know that the Fed, particularly ALAN GREENSPAN, is very much alert to this.

Something also seems to be happening that I don't think we fully understand quite yet, and that is an unusual flexibility in the labor force. I don't mean simply that people make frequent moves from job to job and from place to place; that's always been characteristic of the United States. But labor force participation seems to have more of a rhythm to it than we've seen before. For example, last month there was a big increase in the number of jobs – slightly more than 300,000 gained in the month – but unemployment rose. How can that be? Well, there was a big surge of people into the labor force. Some had left the labor force when times were not so good, but it's a mistake to think they left just because they were discouraged. There's much more movement between work and school. People go back to school, saying, «Well, the job market is a little soft, so I'll go improve my education or do some work at home.» There's now a kind of flexibility that hasn't been there before.

I also would like to call your attention to something that is very important about the U.S. economy: it has become less and less cyclical. If you go back 150 years and take a fifty-year period, 1850 to 1900, we were in recession 46 percent of the time. If you take the period of the next fifty years that includes the Great Depression, we were in recession 33 percent of the time. If you take the following thirty years, we were in recession 17 percent of the time. In the last couple of decades, we were in recession 6 percent of the time. So it's clear that there is a greater amount of stability, and in addition, the recessions have become shallower and shorter.

All this is good news – good news for the United States, of course, but it's also good news for the world economy. I know Switzerland trades heavily with Germany, which is having a hard time, but think of what it would be like in Germany if the U.S. economy continued in its recession. A strong U.S. economy is changing things, and I think this is good news. The thing you should watch for, particularly in this political period, is the subject of protectionism. There was a flurry of it during the presidential primaries. I think it will pass, particularly as employment gains. It is interesting to note that protectionism rears its head in the United States from time to time. In the post-World War II period, the people who have advocated protectionism have always lost, and have lost heavily.

Now let me come to the bad news, the large deficits in international trade and balance of payments. It is bad news not so much for the United States as for others, and let me explain to you why I put it that way. First of all, why do we have a large balance of payments deficit? It is very simple: we have saved less than we invest. When that happens, if your investment is going to continue, you have to try to attract savings from some other country, and that's exactly what has taken place. That is our balance of payments deficit. The United States is able to do that comfortably because the risk-reward comparisons are quite good. The balance of trade deficit is just the other side of that coin. It's almost an arithmetical proposition. So we have a balance of payments and a balance of trade deficit because we save less than we invest. This is something that everybody in the world complains about at the same time that most people are living on our deficits – that is, they depend on their ability to export more than they import to keep their economy moving. The question is, will this deficit subside? I think the answer is a very clear yes. Let me explain why. It has to do with looking at what is happening to savings. First of all, a lot of our dis-saving has taken place at the state and local government level. During the boom years in the late 1990s in the United States, there was a lot of money lying around and political people spent it, states spent it, and local governments spent it. They got on a trajectory and then all of a sudden the revenues disappeared and they were left with big dis-saving. That's changing rapidly because they have no place to go but to control spending. Most of them have put their houses in order. In California, we're struggling hard. We have a great new governor, ARNOLD SCHWARZENEGGER, and he's giving us good leadership, so some big dis-saving is in the process of disappearing.

At the federal level, the same thing happened. We had a period when people were projecting gigantic surpluses and all the politicians talked about lock boxes. Instead, they spent money. The Republicans spent money, the Democrats spent money, and the same trajectory was there. Now, the size of our federal deficit is large and it's shocking people, so they're starting to react.

Before I was Secretary of State, I was Director of the Office of Management and Budget and Secretary of the Treasury. The role of the Director of the Budget is to say no, to be against everything, and to question everybody. It gets wearing after a while, and I remember a time when it was two o'clock in the morning and I was feeling a little blue. I was sitting in a meeting with SAM COHEN, one of the old-timers on the budget bureau, and I said, «Sam, is there really any difference between Republicans and Democrats when it comes to spending?» He thought about it and he said, «Well, they both spend money, but the Democrats enjoy it.»

People think that the deficit is too big and they're going to do something about it, and I believe they're going to find that it's going to be very hard to raise tax rates. On the other hand, as our economy is going through this expansion, revenues are going to kick in at a higher than 1:1 ratio. Revenues will increase, spending will get under control, and the federal deficit will start to come down very soon. If it comes down comfortably below the rate of increase in our gross product, that's fine. That means the debt is declining as a proportion of the total, and I think that's going to happen.

Individuals have something similar happening to them. During the big bubble, peoples' net worth expanded and they said, «Why am I saving? My net worth has doubled.» So the rate of savings declined to plus or minus 3 percent, a very low level. Now things have changed. The bubble burst, asset prices are continuing to move, though not as fast as they once did, and I think it's likely that personal savings rates will rise again. After all, as recently as the mid-1990s, the savings rate was around 8 percent, and back in the mid-1980s, it was plus or minus 12 percent. For all these reasons, I believe the high dis-saving – the gap between savings and investment – is going to change. And when it does, of course, our balance of payments deficit will decline and our balance of trade deficit will decline. Then everybody who has been living on those deficits will say, "We're going to have to look inside, and there's a lot of adjusting to be done."

2 Demography

Another subject that I think is essential to understanding what's going on in the world is demography. From Tokyo to Vladivostok and across the Eurasian landmass all the way to the Atlantic, populations are aging rapidly. The labor force is shrinking in proportion to the population. In Russia, the birth rate is very low and the age of death is declining. Every place else, it's rising, not declining. So the Russian population is imploding. In much of the lower income-per-capita world, birth rates have declined sharply; in China, the birth rate has gone down very markedly, partly in response to drastic policy. In India, the rate is also dropping sharply. In the United States, we're aging, but our birth rate is adequate and our tradition of immigration means that our demographic picture, though not without problems, is healthy. Our biggest problem is improving Kindergarten through grade 12 schooling so that our young people have the kind of education that's needed in the world we're living in. In the Middle East, the population is exploding and out of control. Youth is by far the largest segment of the population, and these young people have little or nothing to do. A disproportionate share of the world's many violent conflicts is in this area or originates in this area. I'll return to this problem when I come to the subject of terrorism.

Demography is not necessarily destiny, but it has a lot to do with destiny. Demographic developments are deeply important and particularly significant in economic and security terms. We have one world made up of countries that are relatively wealthy with high incomes per capita that own most of the assets around the world and that today produce roughly three-quarters of the world's gross product. All of these societies are aging, some more rapidly than others. If you project out, Germany will have a declining as well as an aging population. The same is true of Italy, Spain, Portugal, and other countries of Western Europe. Japan has the same picture as Germany. Because it has such a huge gross product, that kind of world is going to generate a lot of activity. Nevertheless, age changes priorities and possibilities and tends to focus more on preservation than it does on expansion.

There's also a growing Muslim population in Europe, especially in France, and assimilation apparently is proving difficult. This population is growing relatively rapidly, and as it grows, so do the problems of integrating into European society. I think this is something that has to be faced up to very strongly. That is why places like Turkey and Indonesia are so important; they are Muslim countries with secular governments that are part of our world.

I think expansion is going to come in a different world. It's a world made up of countries that now have low incomes per capita, that have been that way for a long time, and that have young populations, but where something important has happened. They've learned how to bring about economic development. They were dominated for decades – centuries even – by authoritarian, centralized, socialized, communized ways of economic management that condemned them to poverty. Now people have observed that if you operate in a different way, if you're willing to use the marketplace, if you're willing to use incentives, if you're willing to have some sort of private property rights, if you're willing to expose yourself to the global marketplace, you can develop your economy.

China and India are prime examples. I'm sure many of you visit these two countries regularly, and when you go to Shanghai, you cannot believe the changes that are taking place. India is also coming along. These are huge countries that are expanding. They have vast, underutilized human resources. And these are people with good genes; they're intelligent fundamentally, they're very trainable, and they can be very productive people. They will be drawn into the labor force and that will enable these countries to expand. They have the ability and the information to know about current techniques and technology – the things that allow developed countries like Switzerland and the United States and others to be so tremendously productive. I think this is where we're going to see expansion, and with all recognition of the fallacies of projecting things on the basis of current experience, I think it is reasonable to expect that while these countries represent only 25 percent of the world's gross product now, in another twenty years, they'll most likely be up to nearly 45 percent. Probably two-thirds of the expansion that goes on in the next twenty years is going to occur in these countries. This is an age of huge opportunity for them, which brings me to the subject of terrorism.

3 The war on terrorism

Terrorism is a problem we have struggled with for a long time. In the REAGAN administration, I was a hawk on this subject. I said terrorism was a big problem, a different problem. We have to be ready to take forceful action against terrorists. Fortunately for me, RONALD REAGAN agreed with me, but many others did not. All those who are now tut-tutting in the 9-11 Commission tut-tutted me for being such an alarmist. In those days, we and other countries focused on how to defend ourselves against terrorism. We reinforced our embassies, we increased our intelligence efforts, we had great collaborative intelligence efforts with European and other agencies, and in the process we found out about a lot of terrorist acts that didn't take place because we managed quietly to stop them. We thought we made some progress, but I have to say that we really didn't know what motivated the terrorists or what they planned to do.

In the 1990s, the problem began to appear even more menacing. OSAMA BIN LADEN and al-Qaeda became well known, and there were many terrorists actions that took place during this period. Diplomacy without much force was attempted. Terrorism was regarded as a law enforcement problem and terrorists were regarded as criminals, so people were arrested and put on trial. In early 2003, a judge finally allowed the verdict to stand for one of the people convicted in the 1993 World Trade Center bombing. Ten years! Law enforcement is important, but terrorism is not a matter that can be left to law enforcement alone with its deliberative process, its built-in delays, and its safeguards that may let prisoners go free on procedural grounds. Law enforcement has an even greater flaw because in this day and age, the idea is not to catch the criminals *after* they have committed criminal acts, because the acts cause too much damage. The job is to find out about the acts before they happen and prevent them from happening by taking preemptive action.

The civilized world has a common stake in defeating terrorism. We in the United States now call this what it is: a war on terrorism. In a war, you have an offense and you have a defense. You have to hit the enemy before the enemy hits you, and the diplomacy of incentives and containment and deterrence and prevention are all made more effective by the demonstrated possibility of forceful preemption. It gets peoples' attention. You can negotiate better. If you look closely at the Great Seal of the United States, you will see that the centerpiece is an eagle, and the eagle holds in one talon an olive branch, and in other thirteen arrows, going back to our colonial days. As President TRUMAN said after World War II, he wanted the eagle always to face the olive branch to show that the United States would always seek peace. But the eagle should also hold onto the arrows to show that the United States understands that to be effective in seeking peace, you must have strength, which means military strength, economic strength, will power, and letting people know that you will use it if you must. I like TEDDY ROOSEVELT'S statement: «Speak softly but carry a big stick,» and whenever I hear someone say, «Well, now it's time to try the diplomatic option», I know that person doesn't understand. Strength and diplomacy go together; they're complementary.

If you worry about the tremendous consequences of terrorism, you don't wait until the last minute. When you see the forces of terrorism gathering, you do something about it. You may have seen the movie *High Noon.* GARY COOPER and the outlaw are in the street and they're walking toward each other. GARY COOPER isn't going to draw until the outlaw draws. When the outlaw draws, GARY COOPER is quicker and shoots him first. We don't want to be in that position; we want to act before that happens.

Much of the terrorism problem comes from the Middle East. As I noted earlier, it's a place where the population is out of control, and huge numbers of young people have little or nothing to do. The reason is that in these areas, governance has failed them, and in many countries, oil has produced wealth without the effort that connects people to reality. Work connects you to reality, but if you suddenly become wealthy, you're not connected. This is reinforced in some of the countries of the Middle East by the fact that the hard physical work is deemed to be below their dignity, so it's often done by imported labor. The submissive role forced on women has led to the population explosion. So you have generations of young people who have grown up in these societies with a surplus of time on their hands and a deficit of productive and honorable occupations. Since they're disconnected from reality, they can live in a world of fantasy. Denied opportunity, many have turned to a destructive terrorist-using ideology. Islamism is the name most specialists have settled on. Yet these young people can see on their television screens that a better life is possible in a great many places all over the world. Whether or not they like what they see, their frustration is immense, and this is where the violence comes from. So I have to emphasize as strongly as I can the danger and the extent of the challenge we're facing.

We're engaged in a long, bitter war. Our enemies will not just sit back and watch as we make progress and struggle toward prosperity and peace in the world. The disruptive efforts that we see now in Iraq show that the terrorists understand the stakes just as well as we do. Countries in Europe and Asia have been supporting the coalition in Iraq, and from the standpoint of people in the United States, this support is deeply appreciated, all the more so because this support is coming at a critical and traumatic moment. I think the people of Spain should think a little more carefully about deserting the cause in Iraq and demonstrating to the world that if you want to get something done in Spain, all you have to do is threaten with a terrorist act. That's not good policy. Appeasement doesn't work.

September 11 forced us in the United States and many people in the world to comprehend the extent and danger of the challenge. Many countries all over the world have had their own September 11s: Muslim countries, Christian countries, Indonesia, Jakarta, Bali, Riyadh, and, most recently, Spain, and there will be more attacks.

We began to act before our enemy was able to extend and consolidate his network. If we put this effort against terrorism in the context of World War II, I think we're now somewhere around 1937. In the 1930s, the world failed to do what was needed to head off a world war. We saw that appeasement didn't work. Today we are taking action and doing what needs to be done, and

I think with a powerful interplay of strength and diplomacy, we can win this war.

4 Energy

Finally, I want to turn to an issue that is connected to all of this, and that is the energy challenge. There's a fascinating mixture right now between people who have great environmental concerns about the burning of fossil fuels and people who have national security concerns, because both are worried about our dependence on oil. Our strength and our security are vitally affected by our dependence on oil coming from other countries and by the dependence of the world economy on oil from the most unstable part of the globe, the Middle East. I think progress is being made, and I think we need to work on it, but you would have to be an unmitigated optimist not to realize that the Middle East, where so much of the oil comes from, is a tough part of the world. If that source of oil were suddenly cut off, if some terrorist blew up an essential pipeline structure in Saudi Arabia, for example, it could be very, very disruptive.

We have worked on this problem for quite some time, and I know Japan and most European countries have worked on it. In the United States, it's an interesting fact that roughly half as much energy per unit of GNP is being used now as three decades ago. That's a major amount of progress, but the big problem is automobiles.

I've been around this issue for a long time. When I was Secretary of Labor in the Nixon administration, President Nixon suddenly made me the chairman of a cabinet task force on the oil import control system that was in place then. I was on leave from my professorship at the University of Chicago. Ed Levy was the president of the university; he later became attorney general. He wrote me a cryptic note that said, «Dear George, I see you've just reformed the Job Corps [when I was Secretary of Labor]; now you're taking on the oil import control system. What would you like to teach next fall?» At that time, we had inherited from President EISENHOWER a quota system, and President EISENHOWER was not a stranger to national security issues. He thought that if we imported more than 20 percent of the oil we use, we were headed for big trouble. In the United States, we are now pushing 60 percent, and it's rising. That's not a good situation.

I can remember the first big oil shock when I was Secretary of the Treasury. The Treasury took the subject on, and people talked about alternatives to oil. Having spent a lot of my time around scientists and engineers, I looked at those alternatives and said, «Pie in the sky. Those people don't know what they're talking about. There's nothing there.»

That's no longer the case. The situation is very different. There are all sorts of possibilities in the wind. Hybrid technology is on the road and can double gas mileage – even more than that in city driving. Toyota and Honda are selling small cars in the United States, and they're so popular that you have to wait for five months to get one. GM plans to start at the heavier end. In other words, the technology is scaleable. Sequestration of the effluent from the use of coal may be possible. We have the technology; whether it can stay sequestered is an issue. But if you learn how to do that successfully, all of a sudden coal emerges as an energy source in an entirely different light. Perhaps, in a benign way, you could get hydrogen out of coal, or perhaps you could split hydrogen out of water by electrolysis, possibly by using windmills. An economy with a major hydrogen component would do wonders for both the security and the environment.

With evident improvements in fuel cells, that combination could amount to a very big deal. Let me cite a couple of examples. Dow

Chemical in Texas has a plant that generates hydrogen as a by-product, for which Dow has no use. General Motors has been working hard on fuel cells and a hydrogen car. They hope to have one on the road within ten years or less. Today, GM has a trailer with their current fuel cell, which they are in the process of improving, parked alongside the Dow Chemical plant in Texas. They take the hydrogen that was going to waste, run it through their fuel cells, sell the electricity back to Dow, and everybody's happy. Chevron in San Ramon, California, has a major installation, the electricity for which comes entirely through a fuel cell. In this case, natural gas is the source of energy, so that isn't a huge improvement, but the fuel cell is being used. When I ask if the cost per kilowatt hour is competitive, they say that the cost per hour is not competitive, but the cost per year is. By that, they mean that the quality of electricity is much higher; it doesn't throb, and they are not vulnerable to a disastrous blackout. There are all sorts of applications for hydrogen and fuel cells. Automobiles, of course, are what people are focusing on, and our California governor has proposed a hydrogen highway in California. I don't know just how he plans to do that, but some of us who are interested are going to help him figure it out, and we think we have some good ideas for how to go about it.

There are a lot of ideas in the air, many of them having to do with the sun. Scientists and technologists and commercial organizations in many countries are hard at work on these issues and there are many significant efforts going on in Europe and Japan. I think China is going to come to the table. If they don't, they will be choked if they try to use too much coal. If we have some things to offer when they come to the table, it could be a big deal.

There are always experts around who say that the possible is improbable, but scientific advance in recent decades is a tribute to and validation of creative possibilities. I say, bet on them all. Sometimes the long odds win. We don't know what surprises these young scientists are going to come up with. I think it's time to push hard on research and development, with augmented funds directed at identified targets but also at people who can do things to see if we can't lessen our dependence on oil. It's possible.

5 Time of promise – time of challenges

In conclusion, we live in a time of immense promise. Scientific and technological advances are breathtaking virtually across the board. The impact on the human condition and human possibilities is profound. New technologies are changing the way we live and work, globalizing access to an extraordinary range of information. People everywhere can see that open economic and political systems are becoming more common. Yet this is also a world of violence, where a testing war on terrorism is being fought and where the outcome is of sweeping importance to all of us including anyone considering the economic outlook in Europe and for the world economy. So I say to you, with an unprecedented age of opportunity ahead, especially for the low-income countries long mired in poverty, we have to measure up. The United States and our allies have to rally people all over the world and say, Don't let the terrorists take economic and political opportunities away from us. We in the civilized world have the winning hand. We have to play that hand with skill and determination.

Band 32
Preis der Freiheit – Grenzen der Sicherheit
(2003) 169 Seiten/br.
ISBN 3 7253 0740 7
Fr. 32.70 / EUR 20.90 (D)

Band 31
Moral und Moralismus in Politik und Wirtschaft
(2002) 139 Seiten/br.
ISBN 3 7253 0720 2
Fr. 32.70 / EUR 20.90 (D)

Band 30
Religion und Politik
(2001) 159 Seiten/br.
ISBN 3 7253 0700 8
Fr. 32.70 / EUR 20.90 (D)

Band 29
Den Staat neu definieren
(2000) 218 Seiten/br.
ISBN 3 7253 0676 1
Fr. 32.70 / EUR 20.90 (D)

Band 28
Technologie und Gesellschaft an der Jahrtausendwende
(1999) 166 Seiten/br.
ISBN 3 7253 0629 X
Fr. 32.70 / EUR 20.90 (D)

Band 27
Globalisierung – eine Standortbestimmung
(1998) 150 Seiten/br.
ISBN 3 7253 0606 0
Fr. 32.60 / EUR 20.90 (D)

Band 26
Brennpunkt Ostasien
(1997) 150 Seiten/br.
ISBN 3 7253 0579 X
Fr. 32.60 / EUR 20.90 (D)

Band 25
Brennpunkt Ostasien
(1996) 119 Seiten/br.
ISBN 3 7253 0547 1
Fr. 32.60 / EUR 20.90 (D)